KB171885

SILK ROAD

실크로드 도록

육 로 편

창비

발간사

도 록은 소정의 주제를 시각적으로 밝히기 위해 선정된 그림이나 사진의 모음집이다. 도록은 그 직관성 때문에 일반적인 교육·교양에서뿐만 아니라, 학문연구에서도 널리 효용되고 있다. 이번에 발간되는 『실크로드 도록』은 문명교류 통로인 실크로드의 전개상과 그 길을 통해 오간 인류문명의 교류상을 생동감 있게 보여주고 확인해주는 사진과 그림들을 체계적으로 한데 엮은 책이다.

도록 편찬진은 지난 9개월 동안(2013년 1~9월) 현장 취재와 촬영을 통해 수집한 2만여 장의 관련 자료 가운데서 취사선택한 총 590매의 사진과 지도로 이 도록을 꾸몄다. 도록은 한반도 내의 실크로드를 포함해 실크로드 2대 간선인 초원로와 오아시스로 상의 주요 거점도시 59개소를 3부 8장으로 나눠 다루었다. 동·서단을 관통하는 실크로드를 종합적으로 다루는 이 같은 도록의 간행은 실크로드사상 초유의 일이다.

이 도록은 내용과 구성에서 나름의 몇 가지 특징을 지니고 있다. 그 특징은 우선, 실크로드의 학문적 정립에 초점을 맞춘 점이다. 유물에 관한 소략한 설명에다가 몇 편의 관련 글을 곁들이는 식의 통상 도록과는 달리, 아직까지도 이론(異論)이 분분한 실크로드를 개념에서부터 전개과정에 이르기까지를 학문적으로 정립하려고 하였다. 이런 의미에서 이 도록은 앞서 출간된 『실크로드 사전』과 더불어 실크로드학 정립의 '쌍생아'라고 말할 수 있다. 그다음 특징은 실용성이다. 이 도록은 바야흐로 실크로드가 살아 숨쉬는 길로 거듭 회생되고 있는 현실을 감안해, 그 길을 바르게 알고, 알차게 오갈 수 있도록 안내하는 길잡이로 내용과 형식이 꾸며졌다. 끝으로, 실크로드 상에서의 한반도 위상을 바로잡아놓은 것도 그 특징의 하나다. 한반도가 실크로드에서 소외되어온 구태의연한 통념을 깨고 천년 고도 경주를 실크로드의 동단으로 자리매김하고 출발점으로 삼았으며, 실크로드 상에서 개화한 한민족 문화를 발굴하고 확인하는 데 최선을 다하였다.

막상 편찬의 글에 마침표를 찍고 보니, 마쳤다는 후련함보다는 모자람에서 오는 걱정이 앞선다. 독자 여러분의 냉철한 질정을 고대하는 바이다. 아울러 이 도록은 실크로드 3대 간선 중 육로 두 길만을 다룬 것이므로, 해상실크로드 도록을 보태어 명실상부한 '실크로드 도록'의 완결판을 내놓아야 할 과제가 남아 있음을 밝히는 바이다.

이 도록의 간행은 경상북도가 발의하고 추진한 '코리아 실크로드 프로젝트'의 일환으로 그 지원하에 이루어졌다. 이에 이 프로젝트를 선도하고 있는 김관용 도지사님을 비롯한 추진본부 여러 분의 깊은 혜려에 경의를 표하는 바이다. 사단법인 한국문명교류연구소 김성남 이사장님과 지원팀, 도록의 편찬을 총괄한 엄광용 연구원을 비롯한 편찬진 여러 분의 적극적인 독려와 후원, 참여에 감사를 드리고 싶다. 그리고 귀중한 사진작품을 제공해준 김희수·윤동진 사진작가님들의 노고와 협조에도 고마움을 표한다. 끝으로, 여러가지 불비한 여건을 이겨내면서 책을 이토록 훌륭하게 편집해준 편집회사 사사연과 책의 출판을 맡아준 창비 여러 분의 수고에 감사의 말씀을 전한다.

2014년 3월 20일
한국문명교류연구소 소장 정 수 일

SILK ROAD

실크로드 도록
육 로 편

Contents

발간사 03

문명이 오가는 길, 실크로드 06

제1부 실크로드 동단, 한반도 연장 노선

제1장 한반도 남부 16

경주 18
상주·문경·충주 30
서울·경기 36

제2장 한반도 북부 40

평양 42
지안 48
선양 52

SILK ROAD | SPECIAL CORNER

SPECIAL CORNER 01
경주 출토 유리와 로만글라스 - '유리의 길' 29

SPECIAL CORNER 02
'명도전로'와 고대 한·중 육로 교역 47

SPECIAL CORNER 03
스키타이의 서방 진출 및 대(對)동방교역 109

SPECIAL CORNER 04
초원로를 통한 담비가죽의 무역 - '초피로' 145

SPECIAL CORNER 05
비너스상과 세계 각지의 출토지 161

SPECIAL CORNER 06
민영환의 『해천추범』에 비친 초원로 코스 165

SPECIAL CORNER 07
비단의 서전 루트, '오아시스로와 초원로' 195

SPECIAL CORNER 08
옥의 산지에서 뻗어나간 '옥의 길' 213

SPECIAL CORNER 09
문명의 르네상스 시대를 연 '종이의 길' 231

SPECIAL CORNER 10
혜초의 서역 기행 노선 253

제2부 북방 유라시아를 관통하는 초원로

제1장 몽골 58

차오양 60
츠펑 66
우란하오터 72
다싱안링 76
디더우위(현 우주무친) 80
울란바토르 84
노인울라 90
카라코룸(현 하라허린) 94
호브드 100
바얀올기 106

제2장 알타이 110

알타이 112
파지리크 120
알마티 126
잠불 130
히바 134

제3장 시베리아 138

블라디보스토크 140
하바롭스크 146
울란우데 150
이르쿠츠크 154
바이칼 158
노보시비르스크 162
예카테린부르크 166
모스크바 170
상트페테르부르크 174

제3부 사막을 가로지르는 오아시스로

제1장 중국 180

베이징 182
뤄양 186
시안 190
둔황 196
투루판 200
쿠처 206
허톈 210
카슈가르 214

제2장 중앙아시아 218

타슈켄트 220
사마르칸트 226
부하라 232
메르브 236
아슈하바트 240

제3장 서아시아 245

마슈하드 246
니샤푸르 250
페르세폴리스 254
야즈드 260
이스파한 264
테헤란 270
타브리즈 276
다마스쿠스 280
페트라 284
팔미라 288
우가리트 292
하란과 산르우르파 296
앙카라 300
카파도키아 304
이스탄불 308
로마 314

부록 319

1. 코리아 실크로드 프로젝트 320
2. 참고문헌 326
3. 사진 제공 기관 및 사진 출처 328

문명이 오가는 길,
실크로드

글·**정수일**

문명은 자생이건 모방이건 간에 일단 탄생하면 주변으로 이동·전파되는 속성을 지니고 있다. 이 이동과 전파 과정이 곧 문명의 교류이며, 그 교류가 진행된 길이 바로 실크로드다. 따라서 문명의 역사만큼이나 실크로드의 역사도 길다. 그런데 인류가 실크로드의 실재(實在)를 인지하기 시작한 것은 한 세기 반도 채 안 된다. 오랜 역사 속에서 끊임없이 확장·정비되어온 실크로드가 포괄하는 공간적 범위와 그 기능에 관한 인식이 심화됨에 따라 실크로드의 개념은 단계별로 확대되어왔다.

그것은 한 갈래의 길에서 동서남북을 잇는 여러 갈래의 길, 온 세계의 문명을 아우르고 오가게 한 길로 확대되어온 과정이다. 또한 그것은 일찍이 한반도까지 이어져 '세계 속의 한국'을 자리매김해준 길이기도 하다.

실크로드의 바른 이해

130여 년 전 독일의 지리학자 리히트호펜(F. v. Richthofen)은 옛날

로마시대에 중국으로부터 중앙아시아를 거쳐 서북 인도로 수출된 주요 교역품이 중국산 비단(한금漢錦)이란 사실을 감안해, 이 교역로를 독일어로 '자이덴슈트라센'(Seidenstrassen), 즉 '실크로드'(Silk Road)라고 명명하였다. 이것이 실크로드 개념 확대의 첫 단계, 즉 '중국~인도로' 단계다.

이 '실크로드'란 새로운 개념은 문명교류를 이해하는 열쇠로 다가왔다. 지난 20세기 초 영국의 스타인(A. Stein)이나 스웨덴의 헤딘(S. A. Hedin) 같은 탐험가들은 멀리 지중해 동안에 있는 시리아의 팔미라(Palmyra)에서도 중국 비단 유물이 발견된 사실을 밝혀냈다. 이에 독일의 동양학자 헤르만(A. Herrmann)은 1910년에 '중국~인도로'의 실크로드를 팔미라까지 연장하면서, 주로 그 길은 중앙아시아와 서아시아에 점재(點在)한 오아시스들을 연결한 길이므로 '오아시스로'(Oasis Road)라고 이름 지었다. 이것은 실크로드 개념 확대의 둘째 단계, 즉 '중국~시리아로' 단계다.

그러다가 제2차 세계대전 후 실크로드에 관한 연구가 심화되면서 인류역사상 문명을 오가게 한 길에는 오로지 이 한 갈래의 길만이 아

니라. 북쪽에는 초원로(스텝로), 남쪽에는 해로의 세 갈래 길, 즉 동서를 잇는 3대 간선(幹線)이 있었을 뿐만 아니라, 남북을 잇는 다섯 갈래 길, 즉 5대 지선(支線)도 함께 있었다는 사실을 알아냈다. 이것이 바로 실크로드 개념 확대의 셋째 단계, 즉 '3대 간선 5대 지선로'에의 단계다.

바로 이것이 실크로드에 관한 지금까지의 통념이다. 보다시피 이것은 실크로드를 구대륙, 즉 유라시아와 아프리카에 한정한 좁고도 배타적인 개념이다. 실크로드를 문명의 교류 통로라고 정의할 때, 문명은 일찍이 구대륙 내에서뿐만 아니라, 이른바 '신대륙'(아메리카 대륙)과도 교류가 있었다. 그렇다면 신·구대륙 간에 문명을 오가게 한 길도 응당 실크로드의 개념 속에 갈무리해야 할 것이다. 사실상 15세기 후반부터 구대륙과 신대륙 간에는 바닷길이 트이고, 그 길을 따라 중국의 비단과 도자기가 '신대륙'에 실려 갔으며, 그곳의 감자·옥수수·담배·낙화생·해바라기 등 토산품이 구대륙 곳곳으로 유입되었다. 이리하여 두 대륙 간에는 바다를 통한 '태평양의 비단길'과 '백은(白銀)의 길'이 생기고, 이 길을 따라 미증유의 '대범선(大帆船) 교역'이 진행되었다.

이 모든 사실은 실크로드의 개념을 구대륙에만 한정하는 통념에서 벗어나 범지구적인 개념으로 확대해야 할 당위성을 웅변하고 있다. 따라서 이제 실크로드는 글로벌적인 문명의 교류 통로, 즉 '환지구로(環地球路) 단계'로 그 개념이 확대되어야 할 것이다. 이것이 바로 실크로드 개념 확대의 넷째 단계.

문명교류의 꽃을 피운 실크로드

원래 '실크로드'란 조어(造語)는 중국 비단의 일방적인 대(對)서방 수출에서 유래하였을 뿐만 아니라, 비단이 로마제국에서 큰 인기를 얻은 진귀품이었음을 기리기 위해 그 사용이 유지되어왔던 것이다. 사실 비단이 동서교역품의 주종으로 오간 것은 기원을 전후한 짧은 한때의 일에 불과한 것으로, 사실상 이것은 진정한 문명교류의 차원에서 비롯된 말은 아니다. 그리하여 그 사용이 적절치 못하기는 하지만, 비단이나 비단 교역이 지니는 상징성 때문에 하나의 아칭(雅稱)으로 그냥 관용되어오고 있다.

근자에 매력적으로 회자되고 있는 '신실크로드'란 말은 전통적인 실크로드의 개념을 시대의 흐름에 걸맞게 새롭게 확대한 개념이다. 18세기 유럽에서 일어난 산업혁명의 물결 속에서 1769년 프랑스의 퀴노(N. Cugnot)가 증기기관을 동력으로 한 3륜 자동차를 발명한 것이 계기가 되어 버스·기차·기선 등 근대적 교통수단이 발명되었다. 뿐만 아니라 비행기까지 등장하면서 지구상에는 육·해·공의 입체적 교통망이 형성되었으며, 이에 따라 교류의 내용과 형식 및 방도도 크게 달라졌다. 바로 이러한 시대적 변화를 반영해 18세기 이후 오늘과 미래로까지 이어질 문명교류 통로로서의 실크로드를 '신실크로드'라고 구별 지

어 부르는 것이다.

실크로드는 인류역사의 전개 과정에서 지대한 역할을 수행하였다. 문명의 가교(架橋) 역할을 한 것이 그 첫번째다. 문명의 발달은 교류에 크게 의존하는데, 그러한 교류를 실현하려면 반드시 가교 구실을 하는 공간적 매체가 필요하다. 그 매체가 바로 실크로드다. 다음으로 실크로드는 세계사 전개의 중추적 역할을 담당하였다. 문명교류의 통로인 이 길을 따라 일련의 세계사적 사변들이 일어나고, 수많은 영웅호걸들이 역사의 지휘봉을 휘둘렀으며, 숱한 민족과 국가들이 흥망성쇠를 거듭하면서 역사는 오늘날로 이어져왔다. 이 길이 없었던들 세계사는 다른 양상으로 전개되었을 것이다. 마지막으로 그 역할은 세계 주요 문명의 산파역을 담당한 것이다.

원래 문명의 탄생과 발달은 교통과 불가분의 관계에 있다. 교통의 불편은 문명의 후진을 초래하며, 교통의 발달 없이 문명의 창달이나 전파는 상상할 수조차 없는 것이다. 동서고금의 주요 문명들은 모두가 이 길의 연변에서 싹튼 다음 아름다운 꽃을 피우고 풍성한 열매를 맺었다.

한반도로 이어진 거룩한 길, 실크로드

실크로드의 개념이나 그 문명교류사적 의미에서 한반도와 관련해 중요한 것은 이 길의 한반도 연장 문제다. 지금까지의 통설에 의하면 구대륙 내에서 전개된 실크로드의 동단(東端)은 일괄해서 중국이다. 즉 초원로의 동단은 화북(華北)이고, 오아시스로는 장안(長安, 현 시안西安), 해로는 중국 동남해안이다. 이대로라면 한반도는 실크로드에서 제외되어 세계와 무관한 '외딴 섬'이 되는 셈이다. 그러나 역사는 '결코 그렇지 않다'는 판결을 내리고 있다. 한반도에서 발견된 여러가지 서역이나 북방계의 유물들, 그리고 내외의 관련 문헌 기록들은 일찍부터 한반도가 외부세계와 문물을 교류하고 인적 왕래가 있었음을 여실히 보여주고 있다. 그 교류와 왕래는 틀림없이 한반도로 이어진 길, 실크로드를 통해 이루어졌던 것이다. 여러가지 유물과 기록에 의해 실크로드 3대 간선인 초원로와 오아시스로, 해로의 동단(東段)은 각각 중국에서 멎은 것이 아니라 한반도로까지 이어졌다는 것이 입증되었으며, 그 길들은 이미 복원되었다.

실크로드는 한민족의 유구한 역사 속에서 시종 빛나는 업적을 간직한 길로 기능해왔다. 실크로드는 한민족의 뿌리를 내리게 한 길이다. 태고 때 바이칼을 중심으로 한 북방 초원지대에서 시원(始原)한 일군의 조상이 초원실크로드를 따라 남하해 한반도에 정착했던 것이다. 그리하여 오늘날까지도 북방계 여러 민족과 체질인류학적 및 문화적 상관성을 유지하고 있다. 세계 종족별 DNA 분석 자료에 의하면 바이칼 주변의 야쿠트인·부랴트인·아메리카의 인디언, 그리고 한국인의 DNA가 거의 같다는 학계의 연구결과가 발표되었다. 한국 무속의 원류는 시베리아의 샤머니즘이며, 이들 북방계 민족들과 한국인은 동물을 시조로 삼는 '수조(獸祖) 전승'까지도 신통하게 일치한다. 이것이 초원실크로드를 통해 이루어진 한민족의 북방계 뿌리라면, 해상실크로드를 통한 남방계 뿌리도 그 단서를 찾아보게 된다. 한반도의 거석문화나 농경문화는 태양과 거석을 기리는 양석(陽石)문화인 남방 해양문화와 인연이 닿아 있으며, 남인도의 타밀어와 한국어와의 상당한 친연성은 분명 바닷길이 있어 가능했을 것이다.

실크로드는 또한 한반도와 세계를 소통시킨 길이다. 선사시대에 벌써 한반도와 북방 유라시아 사이에는 빗살무늬토기대(帶)가 이루어졌

으며, 기원을 전후한 시기에 신라는 알타이를 중심으로 동서에 형성된
찬란한 황금문화대의 동단(東端)에서 '금관의 나라'로 전성기를 구가
하였다. 이 길을 타고 그리스-로마문화의 상징인 비천상(飛天像)이나
다채장식기법(多彩裝飾技法, Polychrome), 각종 유리그릇과 뿔잔(각
배角杯)이 한반도에 들어왔으며, 중세 아랍 상인들은 신라로부터 11
종의 물품을 수입하였다. 또한 석류나 대칭문양, 마상격구(Polo) 같은
페르시아 고유의 문화도 한반도에 전해졌다. 서역인의 한반도 정착을
시사하는 심목고비(深目高鼻)의 무인석상과 토용(土俑)도 이 길을 통
한 인적 왕래의 결과이다. 그런가 하면 2,000여 년 전에 해로를 통하여
인도 아유타국 공주와 가락국 김수로왕 간의 첫 국제결혼이 이루어졌
으며, 7세기 중엽 초원길을 거쳐 고구려 사절이 멀리 중앙아시아 사마
르칸트까지 사행(使行)한 바도 있다.

　뿐만 아니라 실크로드는 한민족의 위상을 드높인 길이기도 하다. 8
세기 전반에 신라 고승 혜초(慧超)는 동아시아인으로는 처음으로 해
로와 오아시스로를 거쳐 인도와 페르시아까지 다녀와 현지 견문록
인『왕오천축국전(往五天竺國傳)』(*Memoir of the Pilgrimage to the Five
Regions of India*)을 남겼다. 이 명저는 마르코 폴로(Marco Polo)의『동
방견문록』(*The Description of the World*)보다 약 550년 앞서 저술된 세
계적 여행기로서 인류 공동의 위대한 문화유산이다. 고구려의 후예인
당장(唐將) 고선지(高仙芝)가 오아시스로의 가장 험난한 구간인 '세
계의 지붕' 파미르 고원을 넘나들면서 11년간(740~751년) 5차례나
단행한 서정(西征)은 세계 전쟁사에 전례 없는 기적으로 기록되어 있
으며, 그의 원정에 의한 제지술의 세계적 전파와 중앙아시아 보물의 동
아시아 유입은 중세 문명교류사에 불후의 업적으로 남았다. 근세에 와
서 러시아 이주 한국인들에 의한 벼농사의 중앙아시아 전파는 오아시
스로를 통해 한민족이 이루어낸 또 하나의 세계사적 기여다.

경주를 기점으로 한 실크로드의 새로운 그림

이렇게 실크로드는 비단 인류문명을 오가게 한 길일 뿐만 아니라, 한
국을 세계와 이어주고 '세계 속의 한국'이란 당당한 위상을 자리매김
해준 거룩한 길이다. 이제 우리는 자칫 진부한 통념에 묻혀버릴 뻔했던
이 인류의 위대한 공동문화유산을 '도록(圖錄)'이란 생생한 시각적 매
체를 통해 바르게 이해하고 새롭게 조명하려고 한다. 그 기점은 오아
시스로를 비롯한 실크로드의 전개사(展開史)에서 '금빛 찬란했던 도
성' 금성(金城)이고, '경사스러운 고을'이었던 경주(慶州)다.

　이 신라 천년 고도(古都)는 실크로드의 동단에서 이 길의 어제를 고스
란히 증언하고 있을 뿐만 아니라, 오늘을 살아 숨쉬게 하며, 내일을 밝
혀주고 있기 때문이다. 그래서 우리는 이 도록에서 경주를 출발점이나
종착점으로 한 실크로드 오아시스로와 초원로의 그림을 진솔하게 그려
내려고 한다. 우리의 이러한 뜻은 실크로드를 통해 문명의 공생공영과
창달을 바라는 인류의 염원과 잇닿아 있다고 믿는다.

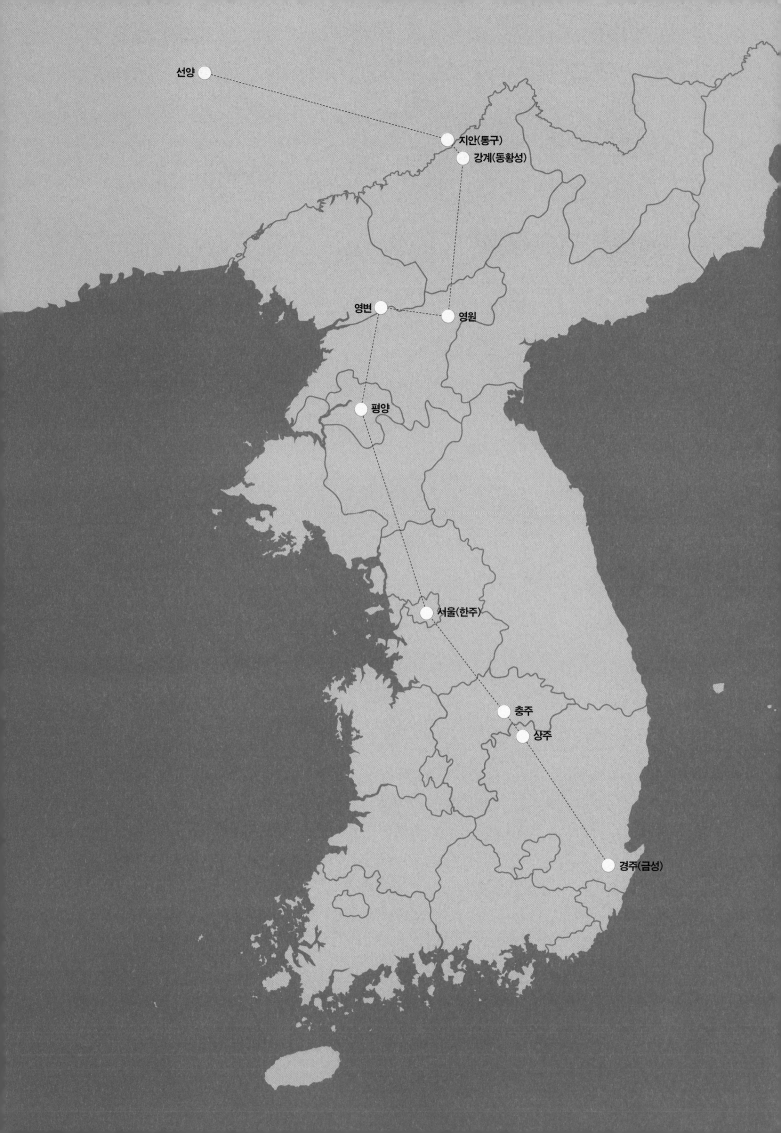

선양

지안(퉁구)
강계(동황성)

영변　영원

평양

서울(한주)

충주
상주

경주(금성)

제1부

실크로드 동단,
한반도 연장 노선

제1장   한반도 남부
제2장   한반도 북부

제1장

한반도 남부

실크로드 오아시스로의 동단 경주는 한반도 동남부에 자리한 신라 천년의 고도로,

이곳의 고분에서 로만글라스가 다량 출토되어 당시 활발했던 동서양의 교류상을

보여준다. 특히 돔 천장의 석굴암은 로마의 판테온 신전과

그 형태가 유사하여 더욱 동서 문명교류가 일찍부터 이루어지고 있었다는 것을

시사해준다. 경주에서 로마까지, 그 길이 바로 실크로드다.

경주

Gyeongju

실크로드(오아시스로)의 서단(西端)이 로마라면 실크로드의 동단(東端)은 경주다. 경주는 기원전 57년 신라가 건국된 이래로 약 천 년 동안 신라의 수도였다. 경주가 실크로드의 동단이라고 할 수 있는 것은 경주 일대에 동서 문명교류를 보여주는 많은 유적과 유물이 분포되어 있기 때문이다.

경주가 실크로드의 동단임을 상징하는 대표적인 유적 중의 하나는 8세기 중엽에 조성된 석굴암이라 할 수 있다. 석굴암은 돔형 천장의 원형 평면의 주실과 방형의 전실로 구성되어 있다. 이러한 건축구조는 5~8세기에 다수 조성된 아프카니스탄 바미얀의 원형당들과 매우 유사한 모습이다. 특히 원형당의 지름과 높이가 같은 석굴암 돔형 건축구조의 기원은 125년경에 조성된 로마의 판테온까지 거슬러올라간다.

석굴암은 실크로드를 통해 경주에 유입된 로마 · 서역 · 중국의 문명이 우리의 전통문화와 융합되어 피어난 한 송이 찬란한 문명교류의 꽃이라 할 수 있다.

경주가 실크로드의 동단으로서 활발하게 문명교류가 진행되었던 기간 중 주목되는 시기는 4~6세기이다. 이 시기의 대표적인 유물들로 지중해 지역이나 유럽 등에서 제작된 상감유리 · 유리잔 등을 포함한 유리제품들과 서아시아 및 북방계 문화와 친연성을 가진 금관 · 장식보검 · 금속공예품 등이 있다. 헬레니즘의 대표적인 공예의장인 뿔잔(각배角杯)은 한반도에서 경주 일대에서만 출토되고 있다. 기와와 석조 및 토기 조각에서도 서역과 페르시아 계통의 문양과 인물상 등이 다수 확인되기

천마총
경주시 황남동 고분군에서 신라시대 금관 가운데 금판(金板)이 가장 두꺼운 금관과 천마도장니(天馬圖障泥)가 출토되었다. 하늘을 나는 천마 그림은 고신라의 유일한 미술품이다. 특히 천마총 금관의 화려함은 신라가 '금관의 나라'임을 여실히 보여주고 있다.

도 한다. 뿐만 아니라 아랍-무슬림들을 비롯한 서역인들이 해로를 통해 서도 경주에 직접 들어와 무역을 하였으며, 아예 신라에 삶의 터를 잡고 정착하는 경우도 있었다.

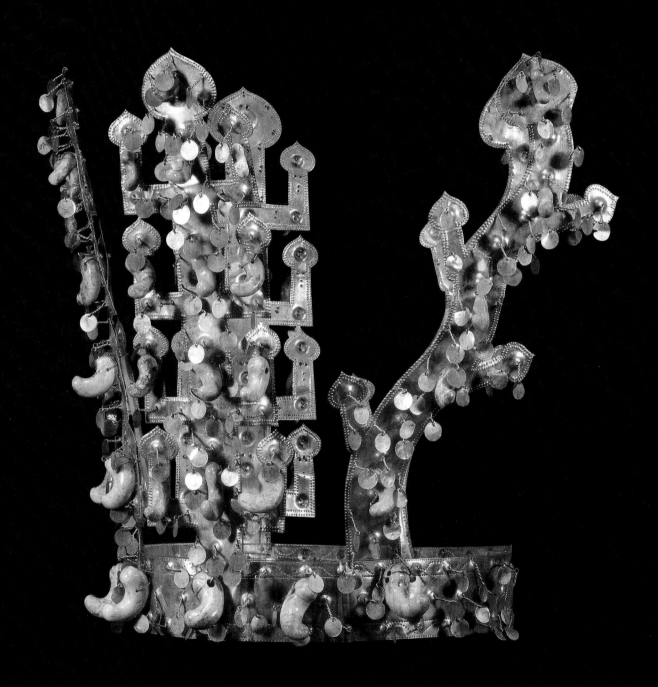

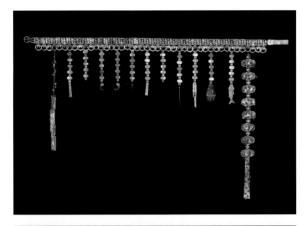

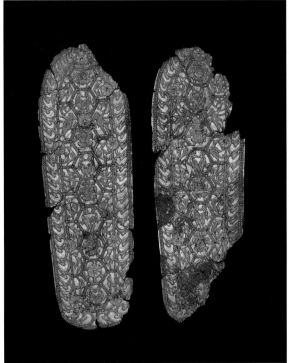

01 천마총 금관

6세기경에 만들어진 신라의 금관이다. 주로 이러한 금관은 돌무지덧널무덤에서 출토되고 있으며 수목관과 북방계 사슴뿔 요소가 결합된 독특한 양식을 보여준다. 넓은 관테에 3개의 나뭇가지 모양과 2개의 사슴뿔 모양 장식을 접합하여 만들었다.

02 천마총 허리띠장식

얇은 금판을 오리거나 두드려 만든 허리띠장식은 띠꾸미개 44개와 띠고리, 띠끝장식으로 구성되어 있고 드리개는 13줄로 되어 있다.

03 식리총 신발

1924년 식리총에서 출토된 신발 바닥이다. 5~6세기 사산조 페르시아에서 크게 유행한 육각형의 거북등무늬 문양이 장식되어 있다.

04 계림로 장식보검

경주 계림로 14호 무덤에서 출토된 장식보검은 카자흐스탄의 보로보에 출토 장식보검과 그 형태가 매우 유사하다. 또한 쿠처의 키질석굴 제69굴 천장에 묘사된 공양인상의 장식보검 그림에서도 이와 유사한 형태를 볼 수 있다. 이러한 보검들의 공통점은 5세기경에 지중해 연안에서 성행했던 다채장식기법으로 만들어졌다는 것이며, 그 출토지들은 그 동전상을 시사해준다.

05 각배

주로 의례에 사용된 것으로 보이는 각배는 신라와 가야 지역에서 출토되었으며, 이 유물은 헬레니즘 문화의 특징적인 공예품이다. 경주에서 출토된 5세기경의 쇠뿔모양의 각배(왼쪽), 부산 복천동 무덤에서 나온 말머리가 달린 각배(위), 경주 미추왕릉 C지구 7호 무덤에서 출토된 각배(아래) 등은 대체로 용도는 같지만 저마다 그 형태가 다르다.

06 입수쌍조문 석조유물

원형의 구슬무늬 띠 안에 나무를 한가운데 두고 두 마리 공작이 마주하고 있는 대칭 문양이 새겨져 있다. 이러한 문양은 대표적인 사산(이란)계 무늬로서 신라와 서역과의 밀접한 교류관계를 보여주는 유물이다. 8세기경에 조성된 석조유물로, 현재 경주국립박물관에 보존되어 있다.

07 포도넝쿨무늬 암막새

경주 안압지에서 출토되었으며, 7~8세기경에 만들어진 암막새 기와다. 포도무늬는 넝쿨무늬와 함께 사산조 페르시아에서는 풍요와 생명의 상징으로 여겨졌다.

08 새무늬 수막새

안압지에서 출토되었으며, 7~8세기경 조성된 수막새 기와다. 수막새 중앙에 두 마리 새가 꽃가지를 물고 있는 형상이 새겨져 있다. 이러한 쌍조문양은 서역의 영향을 받은 것으로 알려졌다.

09 봉수(鳳首)유리병

황남대총 남분에서 출토된 이 병의 기형은 고대 그리스에서 유래하였다. 5세기경 만들어진 황남대총 출토 봉수유리병은 동부 지중해에서 제작되었으며, 병 주둥이와 목의 파란색 장식 띠는 당시에 유행하였던 장식기법이다.

10 상감유리목걸이

미추왕릉 C지구 4호 무덤에서 출토되었다. 마노 · 벽옥 · 수정으로 제작된 구슬과 함께 새와 나무, 사람 얼굴이 감입된 상감유리 구슬을 연결한 목걸이다. 이 유리구슬은 기원전부터 로마제국에서 유행한 것으로 알려졌다. 제작지는 서역이나 지중해 연안으로 추정되며, 인도네시아의 자바(Java)섬에서 발견되어 이를 원신지 또는 중간기착지로 보는 견해도 있다. (목걸이 왼쪽 유리구슬은 구슬 하나를 놓고 무늬가 다른 부분을 각각 찍은 것이다.)

11 상감유리구슬

경주 황남대총 북분에서 출토되었으며, 5세기경에 제작된 상감유리구슬이다. 노란색과 연두색의 유리띠를 녹여 붙여 제작하였다. 상감유리구슬은 기원전 5~4세기 지중해 연안에서 제작되기 시작하였으며, 서아시아 · 동남아시아 · 중국 · 한반도 등지에 광범위하게 분포되어 있다.

12　괘릉 무인석

괘릉 무인석은 눈이 들어가고 코가 우뚝한, 즉 심목고비(深目高鼻)형 서역인의 용모가 놀라울 정도로 실감나게 묘사되어 있다. 이것은 서역인의 용모나 복식에 관해 충분히 파악하고 있는 석공에 의해 만들어졌음을 의미한다.

13　흥덕왕릉 무인석

9세기 전반기에 만들어진 흥덕왕릉 무인석은 괘릉 무인석에 비해 신체의 조각수법이 형식화되어 있다. 그러나 그 얼굴은 괘릉 무인석과는 또 다른 사실적인 서역인의 얼굴 형상이었다.

14　석굴암 십대제자상

석굴암 주실에 조성되어 있는 십대제자상은 얼굴이 길며, 코가 크고, 턱이 발달한 모습에서 실제 서역인을 모델로 조각한 것처럼 매우 사실적으로 만들어져 있다. 석굴암은 8세기에 조성되었으며, 이미 삼국시대부터 한반도에는 서역 승려들이 많이 들어오고 있었다. 따라서 석굴암을 만든 장인들도 서역인들을 직접 보았을 가능성이 높다.

15 처용무

『삼국유사』에 나오는 「처용가」의 주인공인 처용은 아랍 무슬림들인 서역인으로 여겨진다. 당시 남해를 통한 동서교역의 주역을 맡은 아랍 무슬림이 신라에 내왕하고 정착까지 했다는 중세 아랍문헌의 기록과, 신라의 옛 땅에서 발견된 서역인상을 한 무인석이나 흙인형 같은 유물들이 이를 방증한다.

16 처용암

『삼국유사』에 의하면 신라 49대 헌강왕이 처용을 만난 곳은 개운포(현 울산) 일대로 기록되어 있다. 처용암은 처용과 개운포 설화와 관련이 있는 바위다.

경주 출토 유리와
로만글라스
-'유리의 길'

지금까지 발굴된 고대 유리용기를 보면 한반도가 그 유물의 종류나 내용, 수량 면에서 단연 중국을 능가한다. 기원전 2세기 전반부터 삼국시대 전반에 걸쳐 사용된 각양각색의 유리장식품이 한반도에서 발견되었는데, 발굴된 유물만 80여 점에 달한다. 그중 출토지가 분명한 22점은 모두가 9기의 신라 고분에서 출토된 것들이다. 연대는 4세기에서 5세기 말까지이며, 이들 고분 출토 유리용기는 소재나 제조기법, 장식문양과 색깔로 보아 대체로 후기 로만글라스에 속한다.

당시 이러한 유리용기는 지중해 연안 지방에서 제작된 후 흑해를 통해 북상하여, 남러시아에서 초원로를 따라 북중국을 거쳐 신라에 유입된 것으로 추정된다. 이러한 추정을 가능케 하는 것은 초원로상에 있는 여러 곳에서 유사품이 출토되었다는 사실이다. 로만글라스 출토 지역을 지도에 옮겨보면 대체로 그 교역로가 그려지게 되는데, 이러한 노선은 곧 초원로를 통하여 한반도로 유입된 '유리의 길'이라고 할 수 있다.

천마총 출토 유리잔, 금령총 출토 유리잔, 황남대총 북분 출토 유리잔

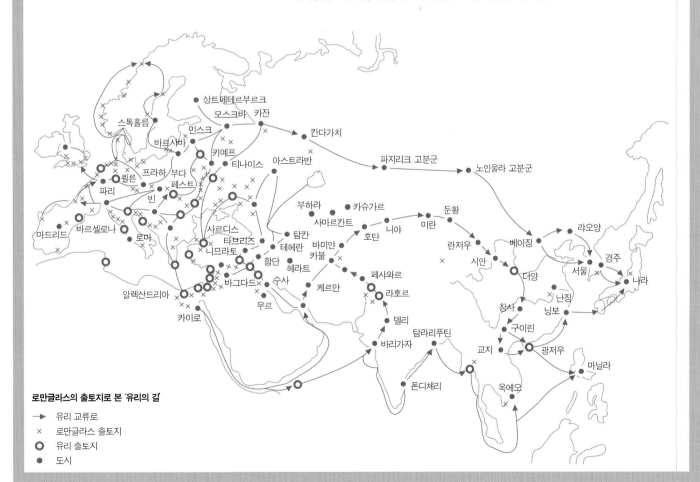

로만글라스의 출토지로 본 '유리의 길'

→ 유리 교류로
× 로만글라스 출토지
◎ 유리 출토지
● 도시

상주·문경·충주

Sangju·Mungyeong·Chungju

계립령과 죽령은 한반도 남단을 사선으로 가로지르는 소백산맥의 고갯길이다. 경주에서 출발한 한반도 내의 실크로드는 영천에서 두 개의 간선으로 갈라진다. 죽령로는 영천에서 안동으로 연결된 후 영주를 거쳐 죽령을 넘어간다. 이후 이 길은 단양~제천~원주를 거쳐 춘천 방향으로 북상한다. 계립령로는 경주~영천에서 서쪽에 위치한 대구 방향으로 서진한 후 대구에서 선산~상주~문경~계립령으로 연결된다. 계립령을 넘은 후에는 충주~이천~광주~서울로 연결되며, 서울에서는 양주를 거쳐 임진강 방향으로 진출한 후 한반도 북부로 연장된다.

계립령은 신라에 의해 156년에 개척된 것으로 『삼국사기(三國史記)』에 기록되어 있다. 신라는 이 길을 한강 유역으로 진출하기 위한 군사도로로 사용할 목적으로 개통하였다. 이것은 교통로에 대한 국가적 인식이 반영된 최초의 기록이다. 이를 통하여 신라는 서기 2세기경부터 계립령로를 이용해 북방과 교류를 진행하였음을 알 수 있다. 계립령에는 11세기 말경에 조성된 '충주 미륵리사지'가 남아 있어, 고려시대까지 계립령이 주요 교통로로 이용되었다는 사실을 확인할 수 있다.

계립령이 공식 기록에 나오는 최초의 교역로라 한다면, 죽령은 고구려군의 남진과 관련이 있다. 고구려 광개토대왕은 399년 가야와 왜 연합군의 침입을 받은 신라를 구원하기 위해 5만 명의 고구려 군을 파견하였다. 이 시기에 신라는 육로를 거쳐 경주까지 연결된 실크로드를 통해서 서역의 많은 문물을 받아들일 수 있었다. 551년경에는 신라는 고구려가 지배하였던 죽령 북쪽의 한강 상류 유역으로 진출하게 된다. 죽령로는 소백산맥을 넘은 신라 세력이 한강 하류 지역으로 진출하는 주요 교통로로 이용되었을 뿐만 아니라, 원산 방면의 동해안 쪽으로 진출하는 간선으로도 사용되었다.

하늘재(계립령)와 문경새재 옛길
하늘재(왼쪽)는 서기 156년인 신라 아달라이사금 3년에 개통된 고개다. 지금으로부터 1,800여 년 전에 개통된 이 길을 통하여 일찍부터 북방과의 교류가 이루어졌다. 또한 문경새재(오른쪽)는 1414년(태종 14년) 조선시대 역사와 문화의 소통로(疏通路)로서 조선팔도 고갯길의 대명사로 불리고 있다. 추풍령과 죽령 사이에 있는 이 길은 조선시대 과거를 보기 위해 상경하는 선비들의 주요 통로 역할을 하기도 하였다.

01 충주 미륵리사지
충주 미륵리사지는 11세기 말경에 조성된 사찰터다. 고려 전기에 이곳에 대규모의 사찰이 새롭게 조성되었다는 점은 계립령로가 고려시대에도 매우 중요한 교통로였음을 말해준다.

02 충주 미륵리사지 미륵대원 터
미륵대원은 계립령로에서 가장 높은 곳에 위치한 숙박시설을 갖춘 사찰이다. 계립령은 삼국시대부터 국가의 관심이 집중된 주요 교통로다. 미륵대원은 11세기 말경에 조성된 고려시대 사원지로 고려시대에도 계립령로가 중요하게 이용되었다는 사실을 입증해준다.

03.04 계립령 유허비와 표지석
조선시대에 조령(鳥嶺, 문경새재)이 개통되면서 계립령의 중요성이 상대적으로 줄어들게 되었다. 그래서 오히려 옛길의 오롯한 풍광이 잘 보존되어 있기도 하다. 문경시에서는 그러한 계립령의 역사적 의미를 되새기기 위해 2001년 1월 유허비(위), 2009년에는 산림청에서 표지석(아래)을 세웠다.

05
06
07

05 죽령로
경상북도 영주시 풍기읍과 충청북도 단양군 대강면 사이에 있는 고개다. 죽령 길은 계립령 길보다 2년 늦은 시기인 신라 제8대 아달라이사금 5년(158년)에 처음으로 개척되었다.

06 단양 신라적성비
단양 신라적성비는 죽령 북쪽 적성산성 내부에 있으며 6세기 중엽에 세워졌다. 진흥왕의 순수비 중 가장 오래된 것으로 죽령로가 중요한 고대 교통로로 쓰였음을 보여주는 유물이다.

07 보국사지
죽령 정상부에서 북쪽으로 약 1km 떨어진 곳에 위치한 사찰터다. 현재 통일신라시대의 석불 입상이 남아 있어, 죽령로가 고대 교통로로 중요하게 이용되었음을 알 수 있다.

08 09

10

08 비단의 고장 상주 뽕나무
실크로드는 비단을 비롯한 문물이 오간 길에 대한 아칭(雅稱)이다. 그렇다면 비단을
생산한 곳에는 필히 그것을 유통시키는 비단길이 있었을 것이다. 한국의 경우 비단
생산은 고조선시대부터 있어왔으며, 조선시대 이후에는 한반도에서 특히 상주가
비단 생산으로 유명하였다. 사진은 수령이 400여 년 된 상주 은척면의 뽕나무로
경상북도 기념물 제1호다.

09 전통 방식을 고집하는 비단 생산 공장
한국의 비단 생산 전통은 고조선시대부터 현재까지 이어져오고 있다. 지금도 상주시
함창읍의 '허씨비단직물'에서는 전통적인 방식으로 비단을 생산하고 있다.

10 옛길박물관
문경시에서는 1997년 문경읍 상초리 새재로에 '옛길박물관'을 개관하였다. 길을
소재로 한 박물관으로는 한국 최초이며, 4,200여 점의 유물이 전시되어 있다.
신라를 비롯한 한반도의 옛길도 문화를 소통시키고 사람들을 오가게 한 길이므로
크게 보면 문명통로인 실크로드다.

서울·경기

Seoul·Gyeonggi

한강 유역은 민족문화의 서장을 연 신석기시대에 대동강 유역과 더불어 빗살무늬토기를 가장 먼저 받아들인 곳이다. 중서부지역의 빗살무늬토기는 새로운 주민이 이주하면서 시작된 것으로 알려졌다. 빗살무늬토기의 발원지는 아직까지 정확히 밝혀지지 않았으나, 시베리아를 중심으로 한 북위 55도 이북 지역에 분포되어 하나의 문화대를 이루고 있다. 빗살무늬토기가 출토되는 서단은 북유럽의 핀란드다. 이 토기는 중부 시베리아를 거쳐 몽골초원과 요하 유역에서도 출토되며, 빗살무늬토기가 출토되는 동단은 한반도가 된다. 한강 유역에서 출토되는 빗살무늬토기 중 대표적인 것은 서울 암사동 출토 빗살무늬토기이다. 신석기시대 빗살무늬토기와 더불어 한강 하류 지역인 강화도에서 확인되는 청동기시대 고인

돌은 한강 유역이 문명교류의 중요 거점지역이었음을 보여준다.

한반도의 젖줄인 한강을 끼고 있는 서울은 기원전 18년부터 475년까지는 백제의 수도였다. 한강 하류지역에 자리잡은 서울은 2000년 전부터 일국의 수도 역할을 하였던, 지정학적으로 매우 중요한 곳이다. 백제는 건국 초기 대동강 유역에 자리잡은 낙랑과 때때로 대립하기도 하고, 교류의 관계를 유지하기도 하였다. 낙랑이 고구려에 의해 축출된 후 4세기 후반부터는 남하하는 고구려와 한강 유역의 백제는 치열한 경쟁관계에 놓이게 되었다. 백제는 북방계인 부여족이 남하하여 건국한 나라였으나 4세기 후반부터 고구려와의 대립관계가 지속되자 해로를 통한 남방과의 교류에 치중하였다. 4세기 이후 신라에서 동시기의 백제보다 월

풍납토성

서울시 송파구 풍납동에 위치한 풍납토성(사적 제11호)은 한강을 끼고 있는 남쪽 충적대지상에 구축한 순수 평지토성이다. 올림픽공원에 있는 몽촌토성과 하남시의 이성산성과 더불어 한성백제(초기백제)의 중요한 유적지다.

등히 많은 서역문물이 확인되는 이유는, 고구려와 백제가 서로 대립하고 있었던 정치적 역학관계가 하나의 원인으로 작용하였기 때문이라 할 수 있다. 475년 한강 유역을 점령한 고구려는 6세기 중반까지 교통로를 따라 한강 북부에 고구려 보루를 축조하였다. 6세기 중반 신라 진흥왕이 한강 유역을 장악한 이후, 이 지역은 최종적으로 신라에 의해 지배를 받게 되었다.

01 풍납토성 유물

풍납토성 경당지구 우물에서 출토된 유물이다. 길이 3m의 우물 바닥에 215점의 토기들을 5단으로 차곡차곡 쌓아놓고, 그 위에 돌을 채워넣은 것이 발견되었다. 모두 입·목 부분이 깨진 상태인 이 토기들은 제사용으로 사용되었을 가능성이 높다.

02 암사동 출토 빗살무늬토기

빗살무늬토기문화의 주역은 시베리아 초원 일대에서 활약하던 고(古)아시아인들이라는 것이 중론이며, 빗살무늬토기의 전파는 그들의 한반도 유입에 따른 것으로 알려져 있다.

03 뚝섬 출토 금동여래좌상

4~5세기 중국에서 크게 유행한 중국의 여래상과 그 모습이 매우 유사한 불상 유물이다. 중국에서 한반도에 불교가 전래된 시기와 일치하며, 이는 당시 불교전래를 통한 문명교류의 일단을 알 수 있는 대표적인 사례라 하겠다. 이 금동여래좌상은 한국 초기 불교 조각의 모습을 보여주는 귀중한 유물 중의 하나다.

04 강화도 고인돌

거석기념물은 북유럽과 서유럽으로부터 지중해 연안과 인도·동남아시아·동북아시아에 이르기까지 범세계적인 문화권을 이루고 있다. 한반도는 중국 동북 랴오닝(遼寧) 지방과 함께 '동북아 돌멘(고인돌)권'의 중심에 위치한다. 강화도 고인돌은 거창·화순 고인돌과 함께 유네스코 세계문화유산으로 등재되어 있다.

05 강화도 마니산 참성단

참성단은 단군이 하늘에 제사를 지내기 위해 쌓았다는 전설이 전해지고 있는 유적이다. 단군신화는 신화를 꾸미는 여러가지 구성요소를 당대의 여타 문명과 공유하고 있다.

제2장

한반도 북부

평양을 비롯하여 영변과 영원 등지에서는 연나라 화폐 명도전이 많이 출토되었다.

명도전은 중국 춘추전국시대에 연나라가 사용하던 화폐로 그들의 동쪽에 자리한

고조선·고구려 등과 활발한 물적 교류가 이루어졌음을 의미한다.

이러한 교역 수단인 명도전의 출토 지역을 연결하면, 곧 중국으로부터

한반도로 이어지는 실크로드 연장 노선이 된다.

평양

Pyeongyang

평양 지역에서 확인되는 문명교류의 흔적은 먼저 낙랑 관련 유물을 들 수 있다. 그중 대표적인 것이 평양 석암리 9호 무덤에서 출토된 금허리띠장식이다. 순금의 이 장식은 1세기경에 제작된 것으로 추정되며, 누금기법과 감옥(嵌玉)기법을 절묘하게 결합해 만들었다. 금이나 은 등으로 만든 이러한 정교한 공예품은 서역에서 발견되며, 중국의 윈난성(雲南省)에서도 출토된 바 있다. 평양 지역에서 확인되는 북방계 유물중 대표적인 것으로 아가리가 큰 금속제 솥인 동복(銅鍑)·철복(鐵鍑) 등이 있다. 이러한 형태의 솥은 흉노를 비롯한 북방계 유목민족이 주로 사용하였다. 평양에서는 석암리 219호 무덤에서 철복이 출토된 예가 있으며, 이러한 금속제 솥은 경주를 비롯한 남부 지역에서도 발견되고 있다.

금속제 유물 이외에 동서 문명교류를 보여주는 평양 지역의 대표적인 유적은 고구려 고분벽화를 들 수 있다. 평양 지역에서 실크로드를 통한 문명교류의 흔적을 확인할 수 있는 대표적인 고분은 안악3호분, 수산리 고분벽화 등이 있다. 안악3호분과 수산리 고분벽화에서는 눈이 크고 코가 높은 서역계 인물이 그려져 있어 주목된다. 고구려 고분에 그려진 인물들이 착용하고 있는 복식은 서역 지방에서 발견되는 복식과 유사점이 많아 양자간 교류가 지속된 결과임을 추측할 수 있다. 고구려 고분의 경우 벽화의 내용뿐만 아니라 고분의 구조를 통해서도 서역과의 교류를 짐작할 수 있다. 고구려 고분 중 천장을 평면 삼각 고임천장으로 만든 것이 있는데, 이는 인도의 카슈미르 지역을 비롯한 서역에서 들어온 것으로 추정된다. 고구려 연화총이나 연화문 막새에서 확인되는 연화문 모양은 불교전래와 더불어 한반도 삼국 가운데 고구려에 가장 먼저 전래되었다. 연화문의 최초 출연은 고대 이집트까지 거슬러올라가며 인도에서 불교를 대표하는 공예 문양으로 발전하였다.

10세기경 고려와 거란의 교류 양상은 현존 불교 조각을 통해서도 확인할 수 있다. 대표적인 불상으로는 10세기 후반 요에서 조성된 불상과 동일한 양식을 보여주는 개성 관음사 관음보살상 등이 있다.

안학궁터
평양시 대성구역 안학동에 자리한 대성산에는 삼국시대의 석성인 대성산성이 있다. 또한 대성산의 남쪽 기슭에는 안학궁토성(安鶴宮土城, 둘레 2,488m)이 있고, 그 주변에 약 1,200기의 고구려시대 고분이 흩어져 있다. 안학궁은 고구려 장수왕이 427년 국내성에서 평양으로 천도한 후 586년까지 사용한 왕궁이다.

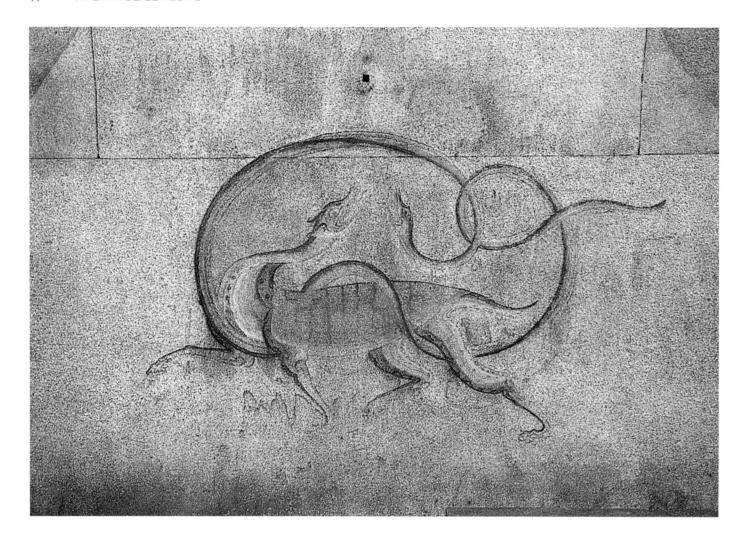

01   강서대묘 현무도

강서대묘에는 외래적인 요소를 충분히 소화한
후 이를 더욱 발전시켜 고구려식으로 표현한
사신도(四神圖) 벽화가 그려져 있다. 사신도는
우주적 수호신으로서의 이미지로 새롭게 창안
된 모습인데, 특히 그 중에서도 현무도의 경우
서역의 동물투쟁도처럼 거북과 뱀이 한 덩어리
로 엉켜 있는 모습에서 문명교류를 통한 상관
성을 엿볼 수 있다.

02   금제 허리띠

평양 대동강변 석암리 9호분에서 출토되었다.
1세기 낙랑과 관련된 것으로 추정된다. 이와
비슷한 유물이 오아시스로가 통과하는 중국
신장(新疆)과 윈난(雲南) 등지에서도 발견된
바 있다.

03   수박희 벽화

안악3호분 벽화에는 고구려인과 코가 높은
서역 사람이 맨손 무예인 수박희(手搏戲)를
하는 장면이 묘사되어 있다. 서역과의 교류
양상을 짐작하게 하는 벽화다.

04   수산리 고분벽화

현대의 서커스와 같은 교예를 펼치는 재주꾼
들이 수산리 고분벽화에 표현되어 있다. 벽화
에 묘사된 교예는 서역에서 유래한 것으로, 당
시 고구려는 현재의 중앙아시아 지역과 활발
한 대외교류 활동을 펼쳤다고 짐작된다.

05 용강대묘 천장 구조

남포시 용강군 용강읍에 위치한 용강대묘의 모줄임 천장 구조다. 고구려 고분은 대부분 모줄임 천장인데, 이러한 구조는 신장(新疆)의 키질석굴을 비롯한 투르키스탄 일원의 민가나 사원 건물에서도 다수 발견된다. 이 건축기법은 고대 메소포타미아에서 생겨난 후 그리스에서 유행하다가 서아시아나 중앙아시아를 거쳐 고구려까지 동전된 것으로 알려졌다.

06 쌍영총 연화문 벽화

평안남도 용강군 용강면 안성리에 있는 쌍영총의 널방 천장 연화문 벽화다. 고구려 고분벽화에서 다양한 연화문이 특징적으로 나타난다.

'명도전로'와 고대 한·중 육로 교역

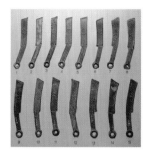

연나라 화폐 명도전

명도전은 연나라 화폐로서 일종의 교역과 지불 수단으로 쓰였기 때문에, 그 출토지는 교역의 장소였음에 틀림이 없다. 교역은 필연적으로 일정 지역과 지역을 연결하는 통로가 있어야만 한다. 따라서 이러한 교역의 장소, 즉 명도전 출토지를 서로 이어놓으면 그 길이 바로 당시의 무역 통로가 된다. 지금까지 발굴된 명도전 출토지를 연결하면 다음과 같은 길이 설정된다. 즉 연나라 수도 계(薊)에서 출발해 동북행으로 승덕(承德)에 이르러 계속 동진, 랴오둥 반도의 연해 일대를 따라 압록강 중류의 통구(通溝, 현 지안集安)에 이른다. 여기서 다시 압록강을 건너면 곧 한반도 영내의 동황성(東黃城, 현 강계江界)에 이르게 되며, 계속 남하하여 청천강 중류의 영변(寧邊)과 대동강 상류의 영원(寧遠)을 지나면 평양성에 다다른다. 이 노선을 약술하면, 계(연나라 수도)~승덕~랴오둥 반도~통구~동황성~영변~영원~평양으로 이어지는 길이다.

 고대(고조선시대와 전국시대) 한·중 양국을 연결한 이 육로를, 그 연결수단인 명도전의 이름을 따서 '명도전로'라고 명명할 수 있을 것이다. 오아시스로의 동단이라 할 수 있는 고대 한·중 육로의 원형은 바로 '명도전로'를 통과하는 길이기도 하다. 한반도에서 삼국을 통합해 출현한 통일신라시대에는 나·당 관계의 발전과 서역 문물의 유입으로 인해 이 육로를 통하여 더욱 활발한 교역이 이루어졌다. 즉 금성(신라 수도, 현 경주)~장안(당나라 수도, 현 시안)으로 확대·연장되면서 실크로드의 한반도 연장 노선이 본격적으로 열리게 된 것이다.

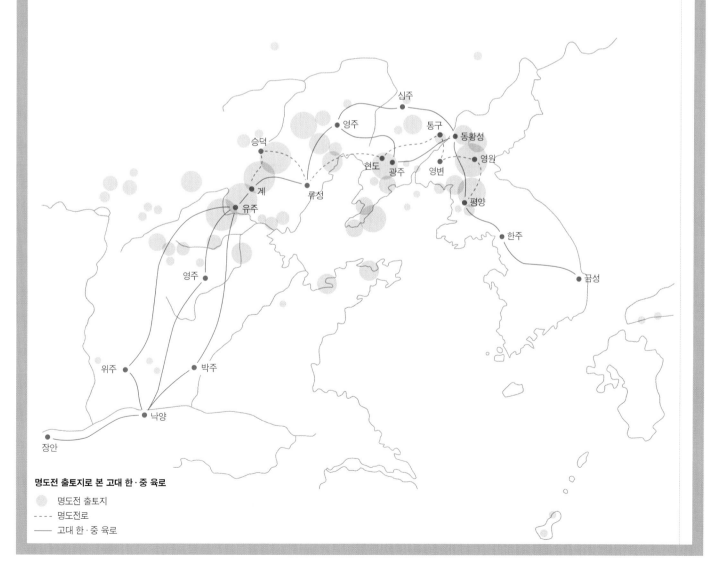

명도전 출토지로 본 고대 한·중 육로

- 명도전 출토지
- ---- 명도전로
- —— 고대 한·중 육로

지안 集安

Ji'an

만주 일대와 압록강 유역은 한민족 고대사의 중심 무대였다. 한국 역사상 최초의 국가인 고조선은 랴오닝(遼寧) 지방을 중심으로 성장하여 그 세력 범위를 넓혀나갔다. 고조선을 이어 압록강 중류 유역에서 건국한 고구려는 건국 초기부터 멸망하기까지 중국 대륙에서 차례로 등장하였던 여러 국가들과 교류 및 협력 관계를 유지하였으며, 때로는 갈등과 전쟁 관계로 전환되기도 하였다. 고조선과 고구려는 중국을 거쳐 들어오는 오아시스로와 중국을 거치지 않고 북방에서 연결되는 초원로를 통해 서역과 교류하였다. 고조선 시기 무덤의 한 형태로 조성된 고인돌은 정확한 상관관계는 밝혀지지 않았으나 선사시대 유라시아 대륙 곳곳에서 조성된 거석문화와 연관성이 있을 것으로 추정된다.

평양으로 천도하기 전 고구려의 수도였던 국내성(현 지안集安) 일대에는 많은 유적과 유물이 남아 있다. 지안에는 동북아시아의 고대사를 생생하게 보여주는 광개토왕비가 있으며 많은 고구려 고분 유적이 있다. 지안 일대에 있는 고구려 고분 중에는 서역과의 문명교류를 확인할 수 있는 벽화가 많다. 각저총과 무용총에는 두 사람이 겨루기를 하는 모습이 그려져 있다. 이 중 한 사람의 얼굴은 심목고비한, 즉 눈이 크고 코가 높은 서역계 인물이다. 장천1호분의 경우 40여 명의 인물이 등장하는데, 이 중 9명이 서역인의 모습을 하고 있다. 이와 같이 일상생활을 표현한 그림에 서역인의 모습이 다수 등장하는 것은 실제로 그들이 고구려에 와서 중요한 역할을 하며 살았음을 보여준다.

각저총 씨름 벽화
지안에 있는 고구려 고분 각저총에는 새가 앉아 있는 커다란 나무 옆에 씨름을 하고 있는 두 사람이 그려져 있다. 씨름을 하고 있는 사람은 단정한 얼굴의 고구려인과 매부리코의 서역 인물이다. 이러한 씨름 그림은 당시 고구려인들이 서역인들과 문화적으로 활발한 접촉을 하였음을 보여준다.

01.02 광개토왕비와 교각

고구려 19대 광개토왕의 비문에는 고구려의 건국신화와 광개토왕 시기에 이루어진 영토정벌 및 대외관계 등이 기록되어 있다. 원래의 명칭은 국강상광개토경평안호태왕비(國岡上廣開土境平安好太王婢)이며, 높이가 6.39m로 한국에서 제일 큰 비석이다.

03 무용총 수박희 벽화

무용총에는 고구려인과 서역계 인물이 수박희를 하는 장면이 묘사되어 있다. 맨손으로 승부를 가리는 무예인 수박(手搏)을 놀이로 삼은 것인데, 흔히 수박(手拍)·권법(拳法)·수벽·수벽치기·수벽타(手癖打)로도 불린다.

04 산성하 고분군

환도산성 남쪽에 자리잡은 고부구으로, 돌방무덤과 돌무지무덤으로 구성되어 있다.

선양 瀋陽

Shenyang

2,700여 년의 유구한 역사를 지닌 선양은 지리적으로 교통이 사통팔달(四通八達)한 곳으로 숱한 이민족들이 각축을 벌이고 어울려왔던 치열한 역사의 현장이다. 선양은 한민족(韓民族)의 역사 전개와 밀접한 관계가 있다. 역사 이래로 늘 이민족들은 한민족과 이웃하면서 공생(共生)해왔지만, 한때는 한 울타리 안에서 애환을 같이하기도 하였다.

고대로 거슬러올라가면 선양과 고조선은 같은 신석기문화권에 속하고, 청동기시대에는 한반도와 함께 비파형 동검 문화권에 속하기도 했다. 선양은 4세기 한때 고구려의 속령이었다. 고구려가 중국이나 북방 유목국가들과 통교할 때, 수도 환도(丸都)에서 남·북 두 갈래 길이 있었는데, 북도는 바로 이곳 심주(瀋州, 오늘의 선양)를 지났다. 광개토

왕이나 장수왕이 대군을 이끌고 다싱안링(大興安嶺) 원정에 나섰을 때도 필히 이곳에서 출정하였을 것이다.

선양은 한반도로 이어지는 실크로드 초원로의 동구(洞口) 역할을 해왔다. 여기서 몽골 초원으로 연결되는 길은 대체로 두 갈래다. 한 길은 선양에서 북향으로 지린(吉林)과 눙안(農安)을 거쳐 우란하오터(烏蘭浩特)에서 다싱안링 초원을 넘어가는 노선이다. 그리고 다른 한 길은 선양에서 출발해 서북향으로 차오양(朝陽)과 츠펑(赤峰)을 포함한 훙산(紅山) 문화 일원을 지나 네이멍구(內蒙古) 초원으로 이어지거나, 아니면 북상해 역시 우란하오터를 거쳐 다싱안링 초원으로 진입하는 길이다.

오늘날 선양은 동북아시아 최대의 물류 집산지의 하나이자, 철도교통

신러(新樂)유적지와 박물관
선양에 있는 신석기시대의 유적지다. 목조 예술품 가운데 대붕(大鵬)을 연상케 하는 목조 새는 당시 이곳에 거주하던 부족이 숭배하던 토템신앙의 산물로 보이는데, 현재 선양의 상징이기도 하다. 유적지에서 출토된 유물은 1,200여 점으로, 선양 신러유적지박물관에 전시되어 있다.

망의 중심지다. 시베리아횡단철도(TSR)·한반도종단철도(TKR)·중국횡단철도(TCR)·만주횡단철도(TMR)의 4대 철도를 하나로 묶는 이른바 '철의 실크로드'의 교차로가 되고 있다.

01 신러유적지 2호 주거지
신러유적지에서는 빗살무늬토기가 발견되어 서울 암사동 유적지를 포함한 한반도 신석기문화와 밀접한 연관성이 있음을 알 수 있다.

02 신러유적 토기
대표적인 신러유적 토기는 신석기시대의 지(之)자문 토기다. 이 토기는 신석기시대의 중국 동북지방에 널리 분포해 있으며, 뾰족밑 빗살무늬토기와 더불어 신석기시대 문명교류사를 연구하는 데 매우 중요한 위치를 차지한다.

03 정가와자 박물관
정가와자 유적은 비파형동검이 출토된 목곽묘 유적으로, 한국학계는 고구려 지배층의 무덤으로 본다. 이 박물관에 비파형동검 등 많은 유물이 소장되어 있다.

04 비파형 청동검
라오닝성박물관 소장 비파형 청동검이다. 이검은 날과 자루가 따로 만들어진 조립식이다. 고조선시대의 대표적인 유물이다. (왼쪽부터 凌源 三官甸子, 遼陽 二道河子, 岫岩 哨子河, 建昌 東大杖子 출토)

05 청동장식
라오닝성박물관에 소장된 늑대모양 청동장식(凌源 三官甸子 출토, 왼쪽)과 동물투쟁도 청동장식(西豊 西岔溝 출토, 오른쪽)이다. 동물문양 금속장식은 대표적인 북방계 유물 중 하나이며, 동물투쟁도는 스키타이식 북방 유목기마민족문화와 관련 있는 유물이다.

제2부

북방 유라시아를
관통하는 초원로

제1장 　 몽골
제2장 　 알타이
제3장 　 시베리아

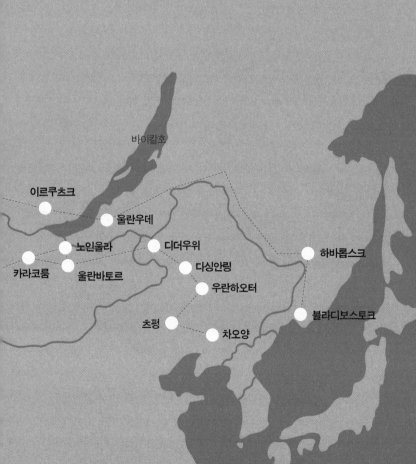

바이칼호

이르쿠츠크

울란우데

노인울라 　 디더우위 　 하바롭스크

카라코룸 　 울란바토르 　 다싱안링

우란하오터

츠펑 　 차오양 　 블라디보스토크

제1장

몽골

드넓은 몽골 초원은 북방 기마유목민족들의 주요 활동무대였다.

그들에 의해 일찍부터 동서 문명교류가 이루어졌다.

칭기즈칸은 서역원정을 단행하여 동서 문명교류의 물고를 트는

획기적인 전기를 마련했으며, 그후부터 초원로는

바로 문명을 실어 나르는 실크로드로 거듭나게 되었다.

차오양 朝陽

Chaoyang

차오양은 사적에 영주(營州)·용성(龍城)·유성(柳城)·화룡(和龍) 등의 이름으로 나오는 고도(古都)다. 오아시스로와 초원로가 합류해 한반도로 이어지는 실크로드상의 요충지다. 차오양은 남쪽으로 베이징(北京)과 연계하는 노선을 통하여 오아시스로와 이어지며, 북쪽으로는 츠펑(赤峰)·다싱안링을 통해 몽골 초원로와 연계된다. 따라서 이 길은 한반도와 북방 초원의 외몽골 지역을 이어주는 주요 교통로다. 오늘날의 차오양은 황허(黃河)문명을 비롯한 세계 4대 문명보다 앞선 문명이라고 하는 홍산문화구의 동편에 자리하고 있으며, 예로부터 요서(遼西)지방의 동서남북을 이어주는 교통의 요지이기도 하다. 차오양은 한민족의 고대사 전개에서 늘 완충지 역할을 해왔다. 고조선시대부터 고구려를 거쳐 발해에 이르기까지 한반도의 가장 서변에 있는 중국과의 접경지이면서 격전장이기도 하였다. 이곳 주변의 츠펑에는 뉴허량(牛河梁) 유적이 있어 신석기시대의 옥기(玉器)문화를 엿볼 수 있게 한다. 또한 이곳에서는 한반도에서도 발견되는 연(燕)나라 화폐 명도전(明刀錢) 유물이 다수 출토되었다. 교역수단인 화폐의 공유는 두 나라 간에 통교가 있었음을 입증한다.

중국의 신·구당서에 의하면 6세기를 전후하여 당시 영주(차오양)는 동북아시아 최대의 국제무역도시였다. 고구려 무용총 고분벽화 속의 손 잡고 겨루는 수박도(手搏圖)나 각저총 벽화 속의 씨름도에 보이는 심목고비(深目高鼻)한 상대방은 다름아닌 영주 땅을 거쳐 고구려에 들어온 페르시아인이라는 일설이 있다. 이러한 왕래는 발해 때 5대 국제 통로의 하나인 상경(上京)에서 영주를 거쳐 중원까지 이어지는 '영주로'를 통해 이루어졌을 것이다. 그밖에 차오양 근교의 베이퍄오(北票)에 있는 북연(北燕)의 권세가 풍소불(馮素弗, 383~415년)의 묘에서 1965년 신라 고분에서 나온 유리그릇과 비슷한 유리제품 5점이 나왔다. 동북아시아에서는 유일한 유사품이다. 그런가 하면 북탑 천궁(天宮)에서는 신라 봉수유리병과 매우 유사한 페르시아 봉수유리병이 나왔다. 이것은 영주를 중간환절(中間環節)로 해 한반도로 이어지는 '유리의 길'을 밝혀주는 단서가 된다.

라마교 사원 우순사(佑順寺)
중국 청나라 강희제(康熙帝)의 명에 의하여 1698년부터 8년에 걸쳐 완공한 라마교 사원이다. '하늘(황제)은 성실하게 백성을 보우(保佑)하고, 큰 덕을 행해 천하를 순조(順調)롭게 하라'는 뜻에서 황제가 직접 '우순사(佑順寺)'라는 현판을 하사하였다.

01 풍소불묘

차오양의 동북방에 있는 오호십육국(五胡十六國)시대의 고분으로, 북연(北燕)의 왕 풍발(馮跋)의 아우 풍소불(馮素弗) 부부묘(夫婦墓)로 알려졌다. 이 묘는 1965년 랴오닝성박물관에서 발굴했는데, 출토된 금공품(金工品)이나 마구류(馬具類) 및 무기류 등이 동북아 고분문화의 본류로 여겨지고 있다.

02.03.04 풍소불묘에서 출토된 각종 유물들

풍소불 부부묘에서 나온 유물은 약 500여 점인데, 금제연주문장식을 비롯한 각종 청동용기(왼쪽)와 유리그릇(아래)이 대표적인 유물이다. 특히 고급스러운 로만글라스는 신라 고분에서 출토된 유리그릇과 아주 유사하다는 면에서, 차오양을 유리 교류의 중간환절로 보기도 한다.

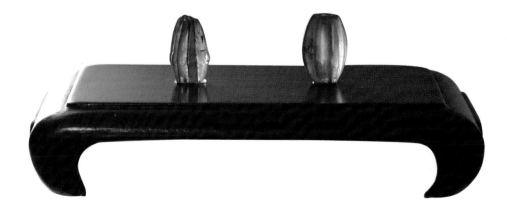

05 07

06

05.06 북탑(北塔) 출토 봉수유리병과 각종 유리그릇들
북탑의 천궁(天宮)에서 신라 봉수유리병과 흡사한 유물이 나왔다.
10~11세기 전반의 페르시아산 봉수유리병(왼쪽 위)이다. 이와 더불어
많은 유리그릇 조각 및 각종 유리구슬들(아래)이 나왔는데, 이 유물들은
현재 북탑박물관에 전시되어 있다.

07
차오양 시내에 있는 높이 42.6m의 '동북 제1보탑'이다. 이 탑은 방형의
13층 밀첨식전탑(密簷式塼塔)으로, 오늘날에도 탑돌이 하는 불자들의
모습을 흔히 볼 수 있다.

08 뉴허량(牛河梁) 유적

차오양 근교에 있는 뉴허량에는 기원전 3500~3000년경에 조성된 거대한 규모의
제단·여신묘·적석총 등 유적이 있다. 신석기문화를 대표하는 각종 토기와 옥기들은 가히
'훙산문화의 꽃'이라고 할 만하다.

09 뉴허량 여신묘 유적

이 여신묘에서는 여신 조각상이 출토되었다. 이 유물 조각들을 분석한 결과 실제 사람 크기의
3배·2배·등신배 등 최소한 세 명의 여신상이 있었던 것으로 보고된다.

10.11.12 복원된 소조여신상

여신묘에서 출토된 여신 조각상들을 분석하여, 이를 토대로 복원해 낸 '소조(塑造)여신상'이다.

13 각종 곡옥과 옥기들

옥으로 만든 각종 장식들이 뉴허량에서 다량 출토되었다. 출토된 곰·호랑이 등의 맹금류와
용·봉황·매미·거북 등 길상을 상징하는 각종 동물을 묘사한 곡옥과 옥기들을 통하여 당시의
생활풍습을 그려볼 수 있다.

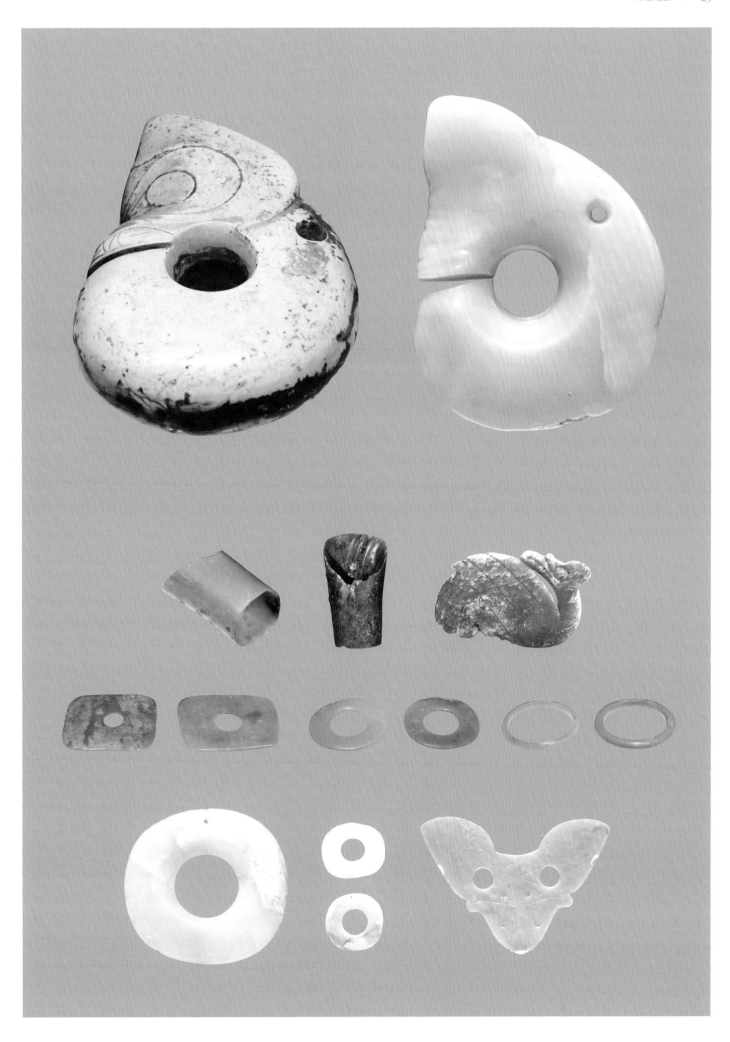

츠펑 赤峰

Chifeng

'츠펑'은 '붉은 산봉우리'라는 뜻인데, 이 말은 시 동북쪽에 있는 '붉은 산', 즉 '훙산(紅山, 몽골어로 우란하타)'에서 유래되었다. 원래 츠펑은 동호·흉노·오환·선비·거란 등 고대 유목민족들의 활동무대였으며, 오늘날은 네이멍구자치구 동부의 중심도시다. '츠펑' 하면 곧 '훙산문화'를 연상하게 되는데, 츠펑을 중심으로 한 인근 여러 지역에서 세상을 깜짝 놀라게 한 오래된 유적 유물이 숱하게 발견되었고, 그것을 일괄해 '훙산문화'라고 부르기 때문이다. 사실 이 문화가 세상에 알려지기 시작한 것은 지난 세기 초엽부터인데, 1955년에 이르러서야 '훙산문화'라고 공식 명명되었다.

훙산문화란 한마디로 츠펑을 중심으로 한 요서 지역에서 생성된 신석기시대 위주의 문화집합체를 말한다. 포괄 지역은 동으로 차오양, 남으로 발해만, 서로 네이멍구 초원, 북으로 다싱안링 남록까지 광범위한 지역이다. 이 문화는 신석기시대 문화가 중심이지만, 15만 년 전 인류의 거주를 비롯한 구석기문화와 청동기문화, 동석(銅石)병용문화 등 여러 문화를 아우른다. 이 문화집합체를 구성하고 있는 주요 문화들로는 '중화 제1촌' '중화시조 취락'이라고 하는 8,000년 전의 싱룽와(興隆窪)문화와 6,000년 전의 훙산문화에서부터 2,000년 전의 링허(凌河)문화에 이르기까지 모두 6가지 문화가 있다. 이 문화 편년대로라면 훙산문화는 지금까지 알려진 세계 4대 문명보다 1,000~3,000년 앞선 셈이다.

훙산문화는 화하족(華夏族)이 만든 황허문명과는 채도(彩陶) 같은 상관문화도 있지만 빗살무늬토기·적석총·고인돌 같은 전혀 무관한 문화도 있어, 근본적으로 다르다. 또한 그 창조자도 황허문명은 화하족이지만, 훙산문화는 동이족(東夷族)이라는 설이 지배적이다. 동이족에 대한 중국 측의 해석에 의하면 훙산문화의 주역인 동이족은 중국 산둥(山東)에서 발원해 북상한 일족이며, 한민족의 조상인 동이나 예맥이 그 후예이다. 여기서 훙산문화와 한민족문화 간의 상관성 문제를 들 수 있는데, 두 문화는 적석총이나 빗살무늬·암각화·고인돌·옥 등의 유적과 유물을 공유한다.

훙산문화 유적
츠펑시 동북쪽 6km 지점의 훙산(紅山) 북쪽 능선부에 있다. 요하문명의 대표 문화인 훙산문화는 중국 네이멍구자치구 츠펑시와 랴오닝성 차오양시 일대를 기반으로 한다. 지금까지 500여 곳에서 유적을 찾아냈는데, 주요 발견 지역은 옌산 산맥의 북쪽 라오허 지류 부근이다.

내蒙古自治区重点文物保护单位

红山文化遗址
THE REMAIN SITE OF HONG SHAN CULTURE

内蒙古自治区人民政府一九九六年五月公布
赤峰市红山区人民政府立
一九九七年七月

01 훙산국가삼림공원
'훙산'은 몽고어로 '우란하타'라고 불리며, 이 곳은 츠펑시의 대표적인 공원으로 신석기시대의 문화유산인 훙산문화로 세상에 알려졌다. 이곳의 돌은 홍색을 띠며 기암괴석과 숲이 장관을 이룬다.

02.03 옥룡들
츠펑박물관에 소장되어 있는 옥룡은 1984년 뉴허량 유적에서 출토되었다. 세상에서 가장 오래된 옥기로 알려지면서 현재는 츠펑시의 상징물이 되었다.

04

05

06

04 샤자뎬문화 유적
샤자뎬(夏家店)촌은 츠펑에서 동쪽 15km 지
점에 자리한다. 이 청동기문화층에는 기원전
14세기를 기점으로 하여 성격이 다른 두 개의
문화가 존재하였는데, 학계에서는 샤자뎬하
층문화와 샤자뎬상층문화로 구분하고 있다.
이 지역은 역사적으로 고조선의 권역으로 볼
수도 있는데, 대표적인 청동기 유물로 비파형
동검이 있다.

05.06 샤자뎬하층문화 토기유물들
무덤에 부장된 토기는 표면이 흑색이며, 연마
흔적이 있거나 홍(紅)·백(白) 2가지 색깔로
채색한 경우가 많다. 토기 종류는 우(盂)·격
(鬲)·언(甗)·분(盆)·발(鉢)·관(罐)·정(鼎)
·반(盤)·작(爵)·규(鬶)·두(豆)·궤(簋) 등이
있다.

07 샤자뎬상층문화 토기유물들
모두 사질(沙質)토기로 표면에는 깎아 다듬은 흔적이 보이지만 문양이 장식된 경우는 매우 드물다. 토기 표면은 일정하지 않은 홍갈색을 띤다. 무덤에 부장된 토기와 실용기는 별다른 차이가 없다. 토기의 종류로는 정(鼎)·격(鬲)·언(甗)·두(豆)·관(罐)·발(鉢) 등이 있다.

08 샤자뎬상층 출토 청동기
청동기는 종류가 다양한데, 청동용기(靑銅容器)는 비교적 적은 편이고, 무기(武器)·공구(工具)·장식품(裝飾品) 등이 가장 많다. 자주 보이는 청동공구와 무기로는 손칼(刀子)·송곳·도끼·끌·화살촉·창·단검 등이 있는데, 북방지구의 다른 문화에서 보이는 것들과 그 형태가 유사하다.

우란하오터 烏蘭浩特

Wulanhaote

'우란'은 몽골어로 '붉은 색', '하오터'는 '시(市)'라는 뜻으로, '우란하오터'는 '붉은 시'라는 의미를 지닌다. 다싱안링 동남쪽 기슭에 자리한 이곳은 다싱안링으로 들어가는 입구에 해당한다. 고구려의 수도 환도(丸都)나 심주(瀋州)에서 다싱안링으로 오는 두 갈래의 초원길, 즉 지린(吉林)~눙안(農安) 길과 차오양(朝陽)~츠펑(赤峰) 길이 바로 이곳에서 합쳐지므로, 우란하오터야말로 초원로의 요지인 셈이다. 지금도 네이멍구자치구에 거주하는 전체 조선족의 절반 가량이 우란하오터에 살고 있지만, 오랜 옛날부터 한민족(韓民族)의 집단 취락지였다. 이는 부근에 밀집해 있는 고구려 마을이나 성곽의 유적이 잘 말해준다. 마을에서 서북쪽과 서남쪽으로 반경이 10km도 채 안 되는 곳에 구청툰성(古城屯城)과 궁주링성(公主嶺城)이 있고, 바로 동쪽에 있는 평안진(平安鎮)과

바이청(白城) 지역에서도 고구려 마을과 성곽 유적이 발견되었다. 성터에서는 관인(官印)이나 기와·촛대·돌절구 같은 고구려시대의 유물이 다수 출토되었다. 크고 단단한 돌로 기초를 닦고 그 위에 돌들을 정연하게 쌓아올리는 고구려 특유의 석루(石壘)식 축성법과 치성(雉城, 성가퀴)이 고스란히 드러난다. 지금까지 광활한 고구려 고토에서 찾아낸 주요 성터만도 무려 170여 곳을 헤아리며, 여기 훙산문화 영역과 다싱안링 일원에만도 10여 곳에 달한다. 그래서 고구려를 가리켜 '성곽의 나라'라고 하는 것이다. 이렇게 많은 성곽을 확보하였다는 것은 고구려가 이곳을 차지하고 있었다는 증거다.

북위 47도의 준한랭지대이지만 이곳에서는 벼농사가 이뤄진다. 원래는 조선족만이 짓던 것을 지금은 한족이나 몽골족들도 잘 짓고 있다. 고

칭기즈칸 묘당
우란하오터에는 성역화된 칭기즈칸 묘당이 있다. 묘당 앞 기마동상에는 한자와 몽골어로 한 세대를 통치한 소수민족의 군주란 뜻의 '일대천교(一代天驕)'란 제목의 명문이 새겨져 있는데, 그 속에는 '일생을 전장에서 살다 간(융마일생戎馬一生) 중국 역사상 가장 걸출한 군사 통수'란 글이 있다.

온다습한 남방 작물인 벼의 자연순화력을 키워 발해시대에는 북위 53도의 상경(上京)에서까지 벼농사를 지었다고 하니, 이는 세계 농업사에 남을 한민족 불후의 기여라고 할 수 있다. 그 문화유전자가 오늘 이곳까지 전승되고 있는 것이다.

01 궁주링 고구려 성터
고구려 성터인 '궁주링성(公主嶺城)'은 바로 그곳에 공주묘 자리가 있어서 붙여진 이름이라고 한다. 성은 낮은 언덕바지에 이중, 삼중으로 구축되어 있는데, 외성과 내성인 듯하다.

02 돌절구
궁주링 고구려 성터에서 발견된 돌절구는, 당시 고구려의 수도 환도에서 출토된 돌절구와 모양새가 똑같다.

03 구청툰 마을 표지석
'구청툰(古城屯)'은 한자어로 '옛 성터가 있던 곳'이라는 뜻인데, 표지석은 한글·한자·영어로 씌어져 있다. 이곳은 고구려 옛 성터로, 지금은 그 터에 조선족들이 사는 마을이 자리잡고 있다.

04 '시중점문물보호단위' 안내판
이 안내판에는 한문으로 '시중점문물보호단위(市重點文物保護單位)'란 글자가 새겨졌는데, 그 뒷면에 '유적에서 20m 바깥까지만 접근이 허용되며, 위반하면 형사처벌을 한다'는 경고의 글이 적혀 있다.

다싱안링 大興安嶺

Daxinganling

오늘날의 다싱안링은 이름부터 복잡한 변화 과정을 겪어왔다. 원래는 중국 동북 서북방에 자리한 구릉성(丘陵性) 산계 전체를 '싱안링'이라고 불러왔으나, 청나라 때 러시아와 국경을 긋는 네르친스크조약(1689년)을 체결한 후부터 러시아 경내에 있는 싱안링은 '외(外)싱안링', 중국 경내의 싱안링은 '내(內)싱안링'이라고 부르기 시작하였다. 그리고 이 '내싱안링'이 다시 대(大)·소(小)싱안링으로 나뉘었다. '소(小)싱안링'은 북단에서 헤이룽강(黑龍江)과 쑹화강(松花江)의 분수계를 이루며 동북 방향으로 뻗어나간 산맥을 말하며, 그 이남 전체는 '대(大)싱안링'에 속한다. 보통 '싱안링'이라고 하면 이 '다싱안링'을 지칭한다.

'녹색보고(綠色寶庫)'라고 하는 다싱안링의 남북 길이는 1,200km이고 동서 너비는 200~300km로, 동북에서 서남으로 길게 뻗어 있다. 약 8만 5천km²의 면적 가운데 74%는 울창한 수림이며, 그 속에 진귀한

400여 종의 동물과 1,000여 종의 식물이 자라고 있다. 큰 산맥치고는 의외로 높지 않고 정상도 평퍼짐한 초원이다. 평균고도가 1,250m이며, 가장 높은 산이래야 2,000m를 넘지 않는다. 그래서 고구려 기마군단은 별로 어렵지 않게 이 산을 넘나들었을 것이다. 연간 평균기온은 영하 2.8도이며, 중국에서는 가장 추운 곳으로서 영하 52.3도까지 내려간 적도 있다. 흥미로운 것은 오르도스(Ordos)족이 사는 북단의 자그마한 '북극촌'은 불야성으로 유명한데, 하지(夏至)를 전후해서는 하루에 무려 20시간이나 해를 볼 수 있는 백야가 계속된다.

다싱안링은 몽골이나 시베리아 초원에서 출발해 한반도로 이어지는 초원실크로드의 중간 경유지다. 한민족의 북방 기원설과 관련해 바이칼호 주변에 살던 구석기인 일파가 해빙기에 남하해 다싱안링을 넘어 만주와 한반도 지역으로 이동했다는 설이 있다. 그런가 하면 역사적 고증이

다싱안링 초원
다싱안링(大興安嶺)은 동북에서 동남으로 길게 뻗어 있는데, 그 길이가 무려 1,200km나 된다. 급하지 않은 경사를 오르는 길이라 높은 고개라는 느낌이 전혀 들지 않는다(평균고도가 1,250m). 초원에 가축들이 방목되고 있는 풍경은 예전이나 지금이나 다르지 않다.

필요한 이설(異說)이기는 하지만, 중국 청나라 건륭 황제의 명에 따라 1783년에 편찬된 『만주원류고(滿洲源流考)』에는 신라의 선조인 박씨 일족이 몽골 초원에서 다싱안링을 거쳐 계림(桂林, 현 지린吉林)에 정착했다가 한반도로 남하했다는 주장이 있다. 아무튼 다싱안링과 한반도 사이에는 어떤 운명적 연계가 있어 보인다.

01 초원로 샛길
다싱안링 입구의 수무커우(樹木溝)에는 초원로 샛길이 이어져 있다. 옛날 이 길은 말과 수레를 교통수단으로 한 교역의 주요 통로였을 것으로 짐작되나, 지금은 철마(기차)가 달린다.

02 다싱안링의 양떼들
산 아래 드넓은 초원지대에는 방목하는 양떼들이 자주 눈에 띈다. 줄지어 늘어서서 이동하는 양떼들의 모습이 몽골 초원의 진풍경을 연출한다.

03 다싱안링 철도
다싱안링 지역은 20세기까지 개발이 되지 않은 미개척지였다. 이 지역 북부의 개발은 20세기 초에 헤이룽장성 치치하얼부터 산맥을 통과해 내몽골 북동부의 러시아와 인접한 만저우리, 후룬호 북쪽으로 가는 철도가 부설되면서 시작되었다.

디더우위 地豆于

Didoyu

중국 사서에 의하면 5세기 당시 디더우위는 이른바 16개 북적(北狄, 북방 오랑캐)의 일국으로, 그 지역은 오늘날의 네이멍구자치구 시린궈러맹(錫林郭勒盟) 둥우주무친기(東烏珠穆沁旗)에 비정된다. '디더우위'의 어원에 관해서는 '디더우(地豆)'는 몽골어 '달단(韃靼, 몽골)'의, '위(于)'는 '간(干)'의 와전으로 '달단의 왕', 즉 '몽골의 왕'이란 뜻이라고 해석하는 일설이 있으나 불확실하다. 디더우위와 관련해 두 가지 주목할 것이 있다. 하나는 고구려의 서경(西境)과 관련한 장수왕의 디더우위 분할통치설이고, 다른 하나는 초원실크로드의 경유 문제다.

중국의 『위서(魏書)』 「거란전(契丹傳)」에는 북위(北魏) 효문제(孝文帝) 태화(太和) 3년, 즉 장수왕 67년(479년)에 고구려가 몰래 유연(柔然)과 디더우위를 분할통치하려고 모의했다는 기록이 있다. 그 동기로

는 유연의 고토 회복과 고구려의 북방 진출, 그리고 배후에서 북위에 내부(內附)하는 물길(勿吉)의 통로 차단 등을 들고 있으며, 『수서(隋書)』 등 몇 가지 문헌기록에 근거해 그런 모의가 실행에 옮겨졌다는 일부 견해가 있다. 학계에서는 이에 대한 사실 여부에 관해 이론이 분분하지만, 초원실크로드가 이곳을 경유했을 가능성에 관해서는 여러모로 추단할 수 있다.

둥우주무친기의 중심도시인 우리야스타이(烏里耶斯太)에서 서쪽으로 68km 가면 주언가다부(珠恩嘎達布)가 나타나는데, 이곳은 예나 지금이나 내·외몽골을 가르는 관문 역할을 한다. 이 관문은 서쪽으로 바로 외몽골(몽골인민공화국)의 드넓은 동부 초원을 횡단하는 초원로와 연결된다. 그 옛날 고구려 사절이 외몽골 초원에 건국된 돌궐에 파견되

지두우

중국사서에 의하면 지두우(地豆于)는 5세기경 오늘날의 내·외몽골 경계지역에 위치해 있던 유목국가인데, 479년 고구려 장수왕이 이 지역을 유연과 분할 통치하려고 '모의'했다고 한다. 통치 여부는 미상이다. 말이 달리던 몽골 초원로에 자동차가 달리는 아스팔트가 깔렸다.

었을 때 이 초원로를 밟았을 것이며, 고구려 기마군단이 서쪽에 있는 유연과의 모의를 위해 이 길을 달렸을 것이다. 그래서 이 길은 한반도로 이어진 초원실크로드의 한 요로였다고 할 수 있다.

우리야스타이에서 서남 방향으로 35km쯤 가면 어지나오얼(額吉淖爾) 염호(鹽湖)가 나타나는데, 이것이 광개토왕 비문에 나오는 '염수(鹽水)'일 개연성이 있지만, 그 연구는 아직껏 오리무중이다. 고구려의 서경과 관련된 일이라서 주목할 필요가 있다.

01 어지나오얼 염호

비문에 따르면, 광개토왕은 395년 염수(鹽水)까지 정토해 3개 부락을 점령했다고 한다. 바로 그 염수로 추정되는 소금 호수가 어지나오얼 염호인데, 간혹 염수를 다른 곳으로 비정하는 견해도 있다. 면적이 25km²에 달하는 이 염호에서는 연간 8만여 톤의 소금이 생산된다.

02 소금산

어지나오얼 염호 인근에서는 소금이 산처럼 쌓인 것을 흔히 볼 수 있다. 염호 근처에는 소금 생산을 생업으로 하는 사람들이 작은 마을을 이루고 살며, 곳곳에 소금가공 공장의 굴뚝이 우뚝 솟아 있다.

울란바토르

Ulaanbaatar

몽골어로 '붉은 영웅'이란 뜻의 울란바토르는 몽골고원의 중부 헨티산 남쪽 기슭의 툴라강 우안에 자리하고 있다. 해발 1,350m의 초원풍이 짙은 이 도시는 남북이 산으로 에워싸여 있고, 동서로 흐르는 툴라강을 따라 드넓은 초원이 펼쳐져 있다. 전형적인 대륙성기후에 속하는 이곳의 연평균 기온은 영하 2.9도다. 겨울에는 기온이 영하 40도까지 떨어지고, 여름 최고기온은 35도에 달한다.

울란바토르에서는 30만 년 전의 화석인골과 구석기가 발견되어 그 유구한 역사를 입증해준다. 특히 프랑스를 비롯한 유럽만의 전통기법으로 알려진 르발르아 석기제작기법으로 만들어진 각종 석기가 다량 출토되어, 유럽으로부터의 인구이동이나 교류의 일단을 엿볼 수 있게 한다. 시내에 있는 자연사박물관에서 볼 수 있듯이 몽골의 고비사막은 대형 공룡의 천국으로서 고생물학계의 이목을 집중시킨다.

370년의 역사를 지닌 울란바토르의 도시건설사는 특이하며, 그러한 특이성은 이 도시의 면모에 반영되어 있다. 일반적으로 도시는 정치적 중심지로서의 도읍이나 상업적 중심지로서의 시장에서 싹터서 형성·발달하는 데 비해, 울란바토르는 이동이 상습화된 유목공간에서 태어난 초원도시다. 그 맹아는 1639년 첫 활불(活佛)이 헨티산에 이동사원인 게르사원을 세운 데서 시작되었다. 활불이 운영하는 이 게르사원이 번성함에 따라 사람들이 모여들자 시장이 생기고 관리행정이 필요하게 되었다. 그리하여 18세기 초부터 게르사원이 정착하기 시작했으며, 급기야 18세기 말엽에 오늘날의 울란바토르 동편에 '성벽'이란 뜻의 쿠룬(庫倫) 시가가 형성되었다. 그리고 1924년에는 몽골인민공화국이 건국되면서 '울란바토르'로 개명하고 정식 국도로 삼았다.

이 때문에 수십년간 현대화를 모색해왔지만, 전통이 아직 상당히 뿌리 깊게 남아 있다. 그 대표적인 일례가 간단(Gandan)사원이다. 1838년 제5대 활불이 세운 이 티베트식 불교사원은 한때 사원으로서의 기능을 상실했다. 그러나 1940년에 다시 기능을 회복한 후, 1970년에는 사내에 종교대학을 세워 불교를 진흥시키는 등 민족문화 부흥운동의 상징으로 숭앙되고 있다.

울란바토르 시내 전경과 금불상
한겨울 공장 굴뚝 연기가 자욱한 울란바토르 시내 한가운데 우뚝 솟은 높이 27m의 금불 입상이 보인다. 한국의 조계종에서 낸 기금으로 무려 7년이라는 제작 기간을 거쳐 세웠다고 한다.

01   산에 새겨진 칭기즈칸 초상
울란바토르를 에워싼 산 중턱에 대형 칭기즈칸 초상이 새겨져 있다. 시내로 들어서면
가장 먼저 눈에 들어오는 풍경이다.

02   몽골 서정군 행렬도
첸헤르 온천 휴양지 입구에는 몽골 서정군의 대형 이동지휘부가 사용했던 마차
조형물이 있다. 몽골 서정군 행렬도에도 십여 마리의 말이 끄는 이동지휘부 게르가
보인다.

03   수하바타르의 기마 동상
울란바토르시 중심에 있는 광장에는 1920년대 몽골 혁명 지도자의 한 사람이었던
수하바타르의 기마동상이 세워져 있다. 그래서 이 광장을 '수하바타르 광장'이라고
부른다.

04
05

04 간단사원
1838년 제5대 활불이 세운 티베트식 불교사원으로, 몽골 민족문화부흥운동의
상징이다. 9개의 법당을 갖추고 있으며, 5,000여 명이 수행을 하고 있다.

05 자연사박물관 전시 공룡뼈
울란바토르 시내 중심에 있는 자연사박물관에서는 특히 몽골의 고비사막을 비롯한
여러 곳에서 출토된 공룡의 뼈를 전시하고 있는데, 모두 진품이다. 몽골 고비사막은
'공룡의 보고'다.

06 복드칸 궁전박물관

복드칸 겨울궁전은 몽골의 마지막 활불이 기거한 궁전이다. 지금은 박물관으로 쓰이는데, 복드칸이 생전에 사용한 물건들이 그대로 전시되어 있다. 못 하나 쓰지 않고 지은 중국 청조식 목조건물이다.

07 자나바자르 박물관에 전시된 유물들

청동솥과 동물장식이 새겨진 유물들은 초원 유목민들의 삶을 엿볼 수 있게 해준다.

08 몽골의 고비사막

몽골은 대초원과 고비사막으로 이루어진 지역이다. 초원이 끝나는 곳에는 곧바로 자갈밭으로 된 삭막한 고비사막이 펼쳐져 있다.

09.10 이태준 기념공원의 기념관

몽골 마지막 황제의 주치의였던 이태준은 화류병 퇴치에 크게 기여하여 1919년 몽골 정부로부터 최고 훈장을 받았다. 1980년 대한민국 정부는 그에게 대통령 표창을 추서하였다.

노인울라

Noin-Ula

초원실크로드는 유목기마민족에 의해 개척되고 이용되어 왔으며, 따라서 이 길의 주역은 바로 그들이다. 그들은 이 길 위에서 자신들의 역사와 문화를 창조하고 가꿔왔을 뿐만 아니라, 종횡무진의 유동성으로 문명을 동서로 나르면서 문명교류에 큰 기여를 하였다. 그러나 문명권 밖에서 홀대되다 보니, 그들의 사회나 활동은 응분의 조명과 평가를 받지 못하였다. 이제는 문명사의 이러한 오점을 말끔히 씻어내야 할 것이다.

몽골의 노인울라 고분군 유적은 대표적 유목기마민족의 하나인 흉노가 초원로 상에 남긴 귀중한 문명교류사적 흔적이다. 기원 전후의 것으로 추정되는 이 유적은 울란바토르 북방 약 100km 지점에 있는 '왕후(王侯)의 산'이란 뜻의 노인울라 산중의 3개 골짜기 경사면에 자리한다. 1910년 산중에 있는 금광맥을 채굴하다가 우연히 부덤이 발견된 이래

노인울라 가는 길
울란바토르에서 북방으로 약 100km쯤 가면 노인울라가 나온다. '왕후의 산'이라는 뜻의
노인울라에는 흉노 문화를 간직한 고분군이 있다.

1924년부터 소련 몽골-티베트 탐험대장 코즐로프(K. Kozlov) 등 소련 고고학자들에 의해 고분들이 속속 발굴되었다. 1962년 다시 소련 고고학자 루덴코(C. I. Rudenko)가 종합발굴보고를 제출함으로써 고분군의 전모가 밝혀졌다.

총 212기 고분의 묘 형태는 남시베리아나 알타이 지방 특유의 스키타이계 고총분(高塚墳, 쿠르간)과 중국 한나라의 목실분(木室墳)을 융합한 혼합형이다. 고분에서는 각종 마구류·구리솥·3날개 철촉·동물투쟁도 등 북방 유목기마민족 문화에 속하는 유물들과 함께 '선경(仙境)'이나 '만세(萬歲)' 같은 한나라 거울 조각과 한자가 새겨진 비단천 등 중국 유물도 상당수 출토되었다. 그런가 하면 페르시아를 비롯한 서역의 대표적 문양인 대칭문양이나 기하학문양 같은 것도 발견되었다. 한마디로, 노인울라 고분군 유적은 흉노를 축으로 한 동서문명의 교류상을 보여주는 보물 저장고로, 유목문화와 한(漢)문화를 융합한 대표적인 '호한문화(胡漢文化)'다.

흉노와 신라의 관계가 화제로 떠오르고 있는 상황에서 노인울라 유적에서 출토된 각종 마구와 장신구, 전개형(前開型) 복식 등 유물은 한국 문화요소와의 유사성과 공유성을 갖고 있는 만큼 앞으로 더욱 깊이 연구할 필요가 있다.

01 노인울라 고분
노인울라 유적은 총 212기의 고분군으로 되어 있는데, 모두 세 개의 골짜기 경사면에 위치해 있다. 묘의
형태는 남시베리아나 알타이 지방 특유의 스키타이계 고총분(高塚墳, 쿠르간)과 중국 한나라 시대의
목실분(木室墳)을 융합한 혼합형이다.

02 동물 자수 문양 카펫
노인울라 6호분에서는 여러가지 동식물 자수 문양의 카펫이 출토되었다. 도안이 정교하고 색채가 화려하며,
색색의 실로 수놓은 카펫 유품은 보기에도 진기하다.

03 흉노인상 부조의 모사도
중국 산시성(陝西省) 창안현(長安縣) 커성좡(客省庄) 140호 주대(周代)고분에서 출토(1955~1957년)된
흉노인상 동세 부조로, 흉노는 심목고비(深目高鼻)하고 장발인 투르크계에 속한 종족임을 짐작할 수 있다.

04 칭기즈칸 고향의 기념탑

칭기즈칸 초상이 그려진 기념 표석이 그의 고향인 오논강 가 다달솜에 세워져 있다. 그 옆에
푸른색 천으로 된 오보(敖包)도 보인다.

05 한나라 비단 겉옷과 거울 조각

노인울라 제6호분에서 한나라 비단으로 만든 겉옷(왼쪽)이, 제25호분에서는 한나라
거울조각(오른쪽)이 출토되었다. 이로써 노인울라 유적은 '호한문화(胡漢文化)'의
유적임을 알 수 있다.

카라코룸

Kharakorum

오늘날의 하라허린(哈剌和林)이 근 780년 전 몽골제국의 첫 수도였던 카라코룸('검은 자갈밭'이라는 뜻)이다. 이러한 사실과 그 건설 경위 및 모습 등에 관해서는 19세기 말부터 약 반세기 동안 현장 답사기를 비롯한 각종 문헌에 대한 끈질긴 연구와 유적 발굴을 통해 비로소 밝혀졌다. 원래 칭기즈칸 시대의 제국 중심은 케룰렌(Kerulen)강 상류였는데, 거기서 더 서쪽의 오르혼(Orkhon)강 가에 수도를 정한 것은 칭기즈칸의 셋째아들이자 제2대 대칸인 오고타이 치세 때(1229~1241년)였다. 오고타이는 금나라를 정복하고 돌아온 후 위세를 과시하기 위해 북중국이나 이슬람세계에서 데려온 공장들에게 궁전(만안궁萬安宮)을 짓게 하였다. 1년 만에 지은 궁전을 포함해 도시 규모는 남북 150m, 동서 1,000m에 불과하였다.

  새로운 초원도시의 생존을 위한 급선무는 물사 공급인네, 이 문제를

에르데니주 사원
24년간 몽골제국의 첫 수도였던 카라코룸의 초원에 세워진 에르데니주 사원은 '보석과 같이 귀중한 사원'이란 의미를 지니고 있는데, 그 둘레에는 20m 간격으로 총 108개의 백탑이 에워싸고 있다.

해결하기 위해 제국은 예하의 각 정복지에 이르는 교통망, 즉 역참제(驛站制)를 실시하였다. 특히 인접한 부국인 중국 내지까지 37개의 역참을 두어 교통을 원활하게 하였다. 그 결과 매일 각지로부터 식량과 술을 실은 약 500대의 수레가 입성하였다고 한다. 이 역참망을 통해 여러 나라들이 앞을 다투어 사신을 파견하였고, 세계 곳곳에서 상품과 대상(隊商)이 몰려들었다. 이러한 역참망을 이으면 그것이 곧바로 교역로이고, 그 교역로에 의해 초원로를 통한 문명교류의 길이 열리게 되었다.

여러 방문 기록에 의하면 성내에는 불교사원 12개소와 이슬람사원 2개소, 교회당 1개소가 있었다고 한다. 상당히 화려하고 안정되며 융화적인 모습이었다고 하는데, 그러한 영화도 잠시였다. 대칸 몽케 사후 그의 두 동생 간의 계위 다툼 끝에 수도가 대도(大都, 베이징)로 옮겨지자, 카라코룸은 24년간(1235~1259년)의 단명으로 역사의 뒤안길로 사라지고

말았다. 경내에는 궁전 비신(碑身)을 받치던 귀부(龜趺, 돌거북)와 칭기즈칸 서정군이 사용했다는 대형 무쇠솥만이 유물로 남아 있다.

그리고 1585년 외몽골에서 라마교에 귀의한 압타이사인 칸이 경내에 몽골에서 가장 오래되고 규모가 큰 라마교 사원인 에르데니주 사원('보석과 같이 귀중한 사원'이라는 뜻)을 세웠다. 사원은 모두 18개의 가람군(伽藍群)으로 구성되었으며, 정사각형의 이 가람군에는 20m 간격으로 하나씩 총 108개의 백색 탑이 주위를 둘러싸고 있다.

01 중앙사 불상

에르데니주 사원은 1585년 북몽골 할흐(외몽골) 지방의 압타이사인 칸이 티베트불교의 싸가파(花敎) 고승을 초청해 건립하였다. 사원 안에는 중국 양식의 가람 3동이 나란히 배치되어 있는데, 가운데의 중앙사가 가장 오래된 건물이다. 건물마다 불상·불화·경전 등이 소장되었는데, 특히 불상이 화려하다.

02 돌거북 기단

카라코룸의 만안궁 터에 세워져 있는데, 비석은 없어지고 돌거북 기단만 남아 있다. 14세기 후반 원나라의 붕괴와 더불어 몽골제국의 첫 수도였던 이 고도도 폐허로 남았다.

03 대형 무쇠솥

에르데니주 사원 경내에는 대형 무쇠솥이 덩그러니 놓여 있다. 칭기즈칸 서정군이 이곳을 지날 때 사용했다고 전해지는 유물이다.

04 퀼테긴비
카라코룸 북쪽 40km 지점에 있는 제2 돌궐제
국시대의 비석이다. 퀼테긴은 쿠데타로 숙부
칸을 몰아내고, 그 자리를 형 빌게에게 양보한
인물이다. 비문은 한문과 돌궐어가 병기되어
있다.

05 오보
몽골 초원 곳곳에는 다양한 형태와 색채를 가
진 오보들이 지천에 깔려 있다. 오보에는 이정
표나 경계표를 기능으로 하는 것과 신앙 대상
으로 기능하는 것 두 가지 종류가 있다.

06.07.08 카라코룸박물관의 유물들
금관을 비롯하여 금제 봉수병과 금잔 등의 유
물이 당시 몽골제국의 영화를 짐작하게 한다.
카라코룸 전역에서는 다량의 유럽 동전들도
출토되어, 당시 실크로드 몽골 초원로를 통한
교역이 활발하게 이루어지고 있었음을 보여
준다.

호브드

Hovd

호브드는 몽골 서북부의 중심도시로서 1760년대에 건설된 비교적 오래된 고도다. 지금 이곳에는 한때 서부 몽골을 석권했던 오이라트족 후예들이 살고 있으며, 예로부터 알타이 산맥을 사이에 두고 인접한 카자흐스탄이나 중국의 신장 지역과 활발하게 교역을 진행하였다. 그리고 돌궐제국의 직접적 계승자라고 자부하는 카자흐인들이 주변에 많이 살고 있어 돌궐문화의 흔적도 찾아볼 수 있다. 또한 17세기 전반 중국 청나라 강희제(康熙帝)가 네 차례나 친정(親征)을 단행해 식민통치를 강요한 비사(悲史)도 깃들여 있다. 그런가 하면 알타이의 만년설과 고비사막, 그 언저리로 흐르는 보얀트강이 한 폭의 아름다운 파노라미를 연출하고 있다. 이 모든 인문지리적 환경은 호브드로 하여금 초원로 상에서 오보·흐미·벽화 등 이색문화를 창출하게 하였다.

몽골인들의 풍물치고 오보(敖包)만큼 널리 퍼져 있으면서 민족적 유대를 과시하는 풍물은 더 없을 것이다. 세계 어느 곳이나 몽골인들이 사는 곳이라면 으레 오보가 눈에 띈다. 몽골 초원 어디에나 지천에 깔려 있지만, 이곳 서몽골의 오보는 유난히도 크고 다채롭다. 한국의 성황당을 연상케 하는 몽골의 오보는 샤먼 신앙에서 비롯된 풍물로 위치와 용도에 따라 여러가지 형태가 있다. 기능은 크게 실용적인 기능으로서의 이정표나 지역의 경계표 역할과 기원을 비는 신앙적인 역할 두 가지다.

몽골 음악만이 가지고 있는 독특한 성악인 흐미(khomii)의 고향이 바로 호브드에서 동쪽으로 150km쯤 떨어진 자그마한 마을 찬드마니(Chandmani)다. 이 마을은 역대의 유명한 흐미 가수를 숱하게 배출했으며, 대대로 가수 전통을 이어오는 가족도 있다. 흐미는 스위스 알프스 지방의 요들(yodel)보다도 부르기가 더 어렵다는 것이 정평이다. 흐미는 입을 거의 움직이지 않고 목청과 혀로만 뱃속의 깊은 소리를 끌어내는 창법이다. 호브드는 암각화로도 이름난 고장이다. 근교에 바타르 하이르항 암각화가 있으며, 동남쪽으로 약 120km 지점에는 유명한 호이트 쳉헤르(Hoit Tsenher) 구석기 동굴벽화와 암각화가 널리 퍼져 있다. 특히 이 동굴벽화는 몽골은 물론, 암각화의 보고라고 하는 알타이 지역에서도 거의 그 유례를 찾을 수 없는 희귀한 유물이라고 한다.

호이트 쳉헤르 동굴 암벽화
알타이 산맥과 인접해 있는 호브드는 암벽화로 유명한 지역이다. 특히 호이트 쳉헤르 동굴 속에 그려진 암벽화에는 사슴을 비롯한 각종 동물들이 새겨져 있다.

01 벽화가 있는 동굴

호브드 아이막 만한솜 골짜기를 거슬러올라가면 호이트 쳉헤르 동굴이 나오는데, 이곳에서 채색 동굴벽화가 발견되었다. 동굴로 올라가는 길목에 작은 유적 표지판이 세워져 있다.

02.03 호이트 쳉헤르 동굴벽화

호이트 쳉헤르 아고이 구석기 동굴벽화는 붉은 색과 황갈색 황토 물감으로 코끼리·코뿔소·타조·낙타 등의 동물과 식별이 어려운 여러가지 형상들이 그려져 있다.

04 구석기시대의 각종 석기들

몽골 각지에서는 유럽의 석기제작 전통인 르발루아 기법(Levallois technique)으로 제작된 석기들이 출토되어 유럽과의 교류가 일찍부터 이루어졌음을 시사해주고 있다. 르발루아 기법은 방사상박리를 시도하기 위해 가장자리를 조정하여 타격면을 만드는 기술인데 몸돌이 거북등껍데기 모양과 유사하여 '거북등모양몸돌'(tortoise core)이라고도 한다. 20만 년 이전 유럽의 중기 구석기문화를 대표하며 아시아에서는 몽골과 알타이공화국 내 데니소바 동굴 유적 등에서 발견되었다.

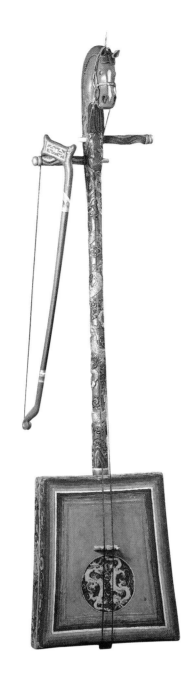

05		07	08
06			

05 청나라의 대형 참수도
호브드는 청나라 강희제(康熙帝)가 네 차례에 걸쳐 친정을 단행한 끝에 함락한 곳이다. 청조는 몽골인들의 저항을 무력으로 진압하고, 통치 기구를 설치하였다. 호브드 향토박물관에 소장되어 있는 대형 참수도는 반청 운동가들을 참형한 칼이다.

06 민족사박물관에 진열된 각종 악기들
호브드에는 다양한 민속악기들이 있다. 박물관에 진열된 악기들만 보고도 호브드 사람들이 음악을 좋아하는 민족임을 알 수 있다.

07 마두금과 각종 호브드 대표 악기들
몽골 악기 중 가장 널리 쓰이는 현악기가 마두금이다. 악기의 머리 쪽에 말머리를 한 장식이 있다고 해서 '마두금'이라고 불리는 이 악기는 흔히 '초원의 첼로'라고 한다. 그밖에 한국의 가야금과 비슷한 음악을 연주하는 야탁, 현악기의 일종인 돔브르와 슈드류 등도 몽골의 전통악기다.

08 흐미 가수
호브드는 흐미의 고향이다. '흐미'는 몽골 음악의 독특한 발성법으로 인해 널리 알려진 성악이다. 지금도 이 지역에선 전통음악인 흐미를 즐겨 부르는데, 호브드시 동쪽 150km 지점에 있는 찬드마니 마을은 흐미 가수를 많이 배출한 고장으로 유명하다.

Bayan-ölgii

바얀올기

몽골 서북단 알타이지역 어귀에 자리한 해발 2,500m의 고원도시다. 바얀올기는 고산준령과 삼림, 푸르른 초원과 물길이 잘 어우러진 아름다운 경관을 갖고 있다. 무한창공(無限蒼空)에는 억조의 은비늘을 뿌려놓은 듯 총총한 별이 눈부시게 반짝인다. 지구의 몇 안 되는 곳에서만 감상할 수 있는 별의 향연이자 대자연의 신비다. 일부러 이 향연을 만끽하고자 이곳을 찾는 방문객도 있다고 한다. 주민의 90%가 돌궐제국의 직계 후예라고 자부하는 카자흐족이며, 카자흐어와 몽골어를 공용어로 사용한다. 주요 건물들은 호브드강 연안에 올망졸망 흩어져 있다.

옛날부터 알타이의 깊은 협곡을 뚫고 러시아를 거쳐 카자흐스탄 등 중앙아시아 일원으로 이어지는 알타이 초원로가 바로 여기서 시작되며, 이

게르 여관

바얀올기는 몽골 서북단 알타이 어귀에 자리 잡고 있다. 해발 2,500m의 높은 지역에 위치한 초원에 지어진 게르 여관이 몽골 분위기를 한껏 자아내고 있다. 몽골의 게르는 전쟁시에도 해체와 조립이 간단하여 칭기즈칸 서정 당시 매우 유용하게 쓰인 이동식 주택이다.

초원로가 몽골 초원로와 연결된다. 이곳은 또한 기원전 8세기경부터 펼쳐진 스키타이들의 동방무역로의 동단(東段)이며, 이 길을 통해 스키타이 문화가 몽골과 중국 서북지역으로 전파되었다. 기원후 7~8세기에는 이 길의 연변에서 카자흐인들에 의해 돌궐문화가 서전(西傳)되었으며, 13세기에 칭기즈칸의 기마군단도 이 길을 따라 세계 정복의 길에 올랐다.

바얀올기 박물관은 지역 박물관치고는 꽤나 알차다. 이곳의 대표적 유물인 바위그림·적석목곽분·돌사람·오보 등이 일목요연하게 전시되어 있다. 특히 3층 생활관에는 쟁기·맷돌·풍차·곰방대·말안장 같은 한민족의 생활상을 그대로 닮은 유물들이 선을 보여 눈길을 끈다.

01	02
03	05
04	06

01.02 바얀올기의 암각화들
퀴공호라의 '활을 쏘는 사냥꾼과 남녀상'(왼쪽), 채색된 동물그림의 암벽화(오른쪽)는 바얀올기 암각화의 특징을 잘 보여주고 있다.

03.04.05.06 민족사박물관에 진열된 각종 농기구들
몽골의 농기구들은 한국의 농기구들과 비슷한 형태와 기능을 갖고 있다. 바람을 내어 나락을 고르는 풍구, 나무로 만든 쟁기, 나락을 터는 돌받침대, 나락을 가는 석마(石磨) 등을 보면 한국과 농경문화가 비슷함을 알 수 있다.

스키타이의 서방 진출 및 대(對)동방교역

스키타이의 황금문화를 알 수 있는 금제 장식들

고대에 진행된 서방의 대(對)동방교역은 스키타이 동방교역과 헬레니즘시대 및 로마시대의 동방교역에서 그 전형을 찾아볼 수 있다. 그 중 스키타이 동방교역은 최초로 이루어진 서방의 대동방교역이다. 스키타이(Scythian)는 기원전 8세기부터 3세기 사이에 남러시아 초원지대를 본거지로 하여 활동한 이란계 유목민들이다. 이들은 기원전 7세기 전반에 인도–유럽계통의 유목민인 키메르를 북카프카스로부터 축출하고, 기원전 625년경 메소포타미아에 침입하여 이집트까지 위협하는 강대한 세력을 형성하였다.

강력한 기동력을 보유한 스키타이는 흑해 연안의 그리스 식민지 도시들과 교역을 하는 한편, 우랄 산맥을 넘어 멀리 알타이 지방까지 진출하는 동방 원거리 교역에도 종사하였다. 당시 스키타이는 그리스 식민지 도시에 밀·기장·콩류·모피·황금 등을 수출하고, 거기서는 금은 장식품·상아세공·청동기·도기 등을 수입하였다. 이 수입품들은 자연히 스키타이에 의하여 동방에 전해졌을 것이다. 한편 그들은 동방에서 모피·견직물·도기·세공품 등의 물품을 가져갔다. 이처럼 스키타이의 동방교역은 스키타이 유목문화와 그리스문화가 동방에 전해지는 계기가 되었다.

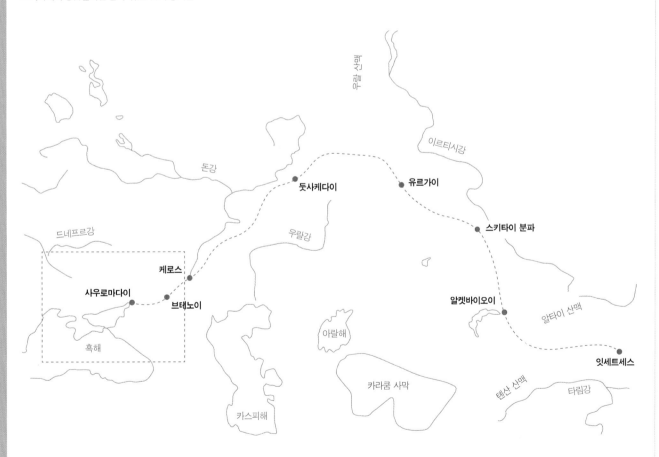

스키타이의 동방 교역로와 유적지

- - - - 스키타이 동방교역로
[ ] 유적지
● 연도의 민족

제2장

알타이

예로부터 알타이 산맥은 금(金)의 산지로 알려졌으며, 기원을 전후해 이곳을

중심으로 약 천 년 동안 황금문화대가 형성되었다. 알타이는 석기시대 이 지역

사람들의 생활상을 알 수 있는 암각화의 보고일 뿐만 아니라, 일년 내내

땅이 녹지 않는 동토지역이라서 많은 유적과 유물이 보존되어오고 있다.

알타이

Altai

기원전 5세기 헤로도토스가 저서 『역사』에서 밝힌 바에 의하면 초원로는 기원전 7세기 전반에 스키타이인들이 흑해에서 우랄 산맥을 넘어 알타이 지방까지 다니며 동방교역을 할 때부터 알려지기 시작하였다. 그 주요 노선을 추적해보면, 북유럽의 발트해 남안에서 시작해 흑해와 카스피해의 동북편과 아랄해 남안을 지나, 다시 동진해 카자흐스탄 초원과 알타이 산맥 이남의 중가리아 분지에서 몽골 고비사막의 북단 오르혼강 연안으로 접어든다. 여기서 내몽골 혹은 중국 화북(華北)에 이른 후 중국 동북 지방을 거쳐 한반도까지 이어진다.

　예로부터 동서양에서 모두 동경과 환상을 심어준 대명사인 알타이는 산이나 산맥의 이름이기도 하고 주변 지역을 아우르는 이름이기도 하다. 알타이는 몽골알타이와 고비알타이, 고르노(러시아)알타이의 세 부분으로 나뉜다. 중앙아시아의 내륙 고원지대에 우뚝 솟아 동서로 뻗은 알타이의 중추인 알타이 산맥의 총길이는 약 2,000km에 달하며, 해발 4,374m의 후이튼(우의友誼)봉을 비롯해 4,000m급 이상의 봉우리들이 여러 개 있다. 알타이는 동서남북의 각기 다른 문명요소들을 두루 수용하고 융합하며 응축시킨 문명의 끝 모를 수장고(收藏庫)다. 100만 년 전의 전기구석기시대에 이곳에 인류가 살기 시작한 때부터 시대마다 풍부한 문화유산을 남겨놓았는데, 황금문화유산이 그 첫째다. 알타이는 몽골어나 돌궐어의 '알탄'(Altan)에서 유래한 '황금'이라 뜻이다. 러시아 금의 90%가 고르노알타이에서 공급될 만큼 이곳에는 황금(주로 사금)을 비롯한 귀중한 광물자원이 풍부하다. 기원전 5세기부터 기원후 6세기경까지 약 1000년 동안 알타이를 중심으로 동서로 황금문화대가 형성되어 스키타이를 비롯한 유목기마민족들에 의해 알타이 황금문화가 서로는 그리스, 동으로는 신라까지 확산되었다. 신라는 이 황금문화대의 동단에서 그 전성기를 구가하였다. 세계적으로 이 시대에 만들어진 고대 금관 10기 중 7기가 신라 땅에서 발굴되었으며, 따라서 신라를 '금관의 나라'라고 하기 때문이다.

　알타이가 남겨놓은 다른 하나의 특출한 문화유산은 암각화와 돌사람을 비롯한 돌문화 유산이다.

알타이 암각화
약 50만 점의 암각화를 보유하고 있는 알타이는 암각화의 '자연사 박물관', '암각화의 보고'라고 할 만하다. 암각화에 그려진 사슴을 비롯한 동물 그림들 중에는 한반도의 반구대(盤龜臺) 암각화에 그려진 동물들과 비슷한 유형의 그림들이 있다.

01.02.03 다양한 형태의 암각화들

알타이에서 가장 오래된 암각화는 기원전 6000년 이전 시기에 그려졌으며, 후기로 갈수록 암각화들은 군집생활로 바뀌는 형태를 나타낸다. 가장 최근의 암각화들은 유목생활로 전환된 모습을 보여주는데, 그 시기는 기원을 전후해 스키타이시대부터 투르크시대까지 약 1,000년 동안이다. 바위를 파서 부조 형태로 그림을 더욱 부각시킨 발전된 기법을 보여주는 암각화(위)가 있는가 하면, 동물(가운데)이나 당시의 생활상을 잘 보여주는 각종 문양(아래)의 암각화도 있다.

04 알타이의 각종 금제 장식들

알타이는 '금으로 된 산'이라는 뜻의 몽골어나 돌궐어 '알탄'(Altan)에서 유래된 말이다. 그 이름에 걸맞게 알타이 부근에서는 많은 금제 유물이 출토되었다. 이미 기원전부터 이곳에서는 황금문화가 발달되어 스키타이를 비롯한 유목기마민족들이 알타이 황금문화를 동서로 전파하였다.

05.06 사슴돌

후기청동기-초기철기시대의 거석기념물(巨石記念物)로, 표면에 주로 사슴이 새겨져 있기 때문에 '사슴돌'이라고 불린다. 돌 표면에는 사슴을 비롯한 여러가지 형태의 그림들이 새겨져 있는데, 그 형태는 보통 아래 위의 길이가 긴 장방형(長方形)이다. 주로 사슴돌 위에 새겨진 문양은 일반적으로 무사(武士)의 모습을 상징하는데, 얼굴에 해당하는 부분은 원형으로 표현되어 있다. 그 아래로 목걸이·귀걸이·허리띠 등 장식물이 있고, 허리 아래 선에는 동검(銅劍)이 걸쳐 있다.

07 선돌

선돌은 하나의 돌을 수직으로 세워놓은 형태로, 고인돌과 함께 거석문화를 대표하는 유물이다. 일반적으로 생산과 풍요를 기원하는 남근(男根) 숭배와 관련된 것으로 보고 있다.

08 석인

알타이 지역에는 많은 석상이 있는데, 전형적인 것이 돌궐석인이다. 석인(石人), 즉 '돌사람'은 제주도의 돌하르방 같아서 더욱 친숙하게 느껴진다.

09 솟대

솟대는 알타이·바이칼·몽골 지역 사람들의 신조사상(神鳥思想)에 그 뿌리를 두고 있다. 나무로 된 솟대 꼭대기에 올라앉은 새는 지상과 천상을 연결해주는 상징적인 영물이다. 천손강림(天孫降臨)이나 난생(卵生) 신화 같은 시조창조설, 신조(神鳥)와 신수(神樹) 사상, 솟대와 나뭇꾼과 선녀 같은 민속이나 민담 등등은 실로 알타이 문화와 한(韓)문화 간의 상관성 내지 친연성을 엿볼 수 있게 해준다.

10 톤유쿡 비문
돌궐 제국시대의 톤유쿡(暾欲谷) 비석은 725년경에 건립된 것으로 추정하고 있다. 사각형으로 깎은 네 면에 돌궐 고대 문자인 룬(Rune) 문자로 비문 내용이 적혀 있다. 이 비문에는 돌궐 제2제국 초창기에 재상을 지낸 톤유쿡이 빌게 카간을 돌궐왕으로 옹립하고 군권을 장악해 동쪽 거란을 비롯한 주변 민족을 격파하였다는 기록이 보인다.

11 칭기즈칸 박물관
정문 위의 말을 탄 몽골 기마병들과 멀리 바라보이는 높이 60m의 박물관 건물 위의 칭기즈칸 동상이 당시 초원을 누비던 몽골인들의 기상을 상징적으로 보여준다.

12 알타이를 넘어가는 길
이 길을 통하여 몽골의 서정군이 세 차례나 세계 제패를 위해 서역으로 출정했을 것이다. 멀리 알타이 산맥이 아스라하게 보인다.

파지리크

Pazyryk

초원로를 통한 스키타이의 동·서 교역활동의 흔적은 초기 철기시대를 상징하는 파지리크 고분군에서 전형적으로 나타나고 있다. 그래서 초기 철기시대를 '파지리크 시대'라고도 한다. 알타이공화국 울라간(Ulagan) 시 북동 16km 지점에 있는 파지리크강 계곡의 동토층에 분구(墳丘)가 있는 분묘인 거대한 쿠르간(Kurgan, 일명 고총高塚)들이 몰려 있다. 이것이 바로 유명한 '파지리크 고분군'이다. 이곳은 해발 1,650m의 궁벽한 고산 동토지대라서 사람의 접근이 쉽지 않은데다 일년 내내 동결상태여서 유물의 보존에 유리하다. 흔히 파지리크 고분군의 묘형 쿠르간(러시아어의 고고학 용어)을 일괄해서 '적석목곽분(積石木槨墳)'이라고 한다.

기원전 5~3세기에 월지인(月氏人)들이 만든 파지리크 고분군은 러시아 고고학자들에 의해 1929년과 1947~1949년에 발굴 조사되었는데, 큰 무덤 6기와 작은 무덤 20기, 총 26기의 무덤군을 이루고 있다.

러시아의 산지 알타이의 파지리크강 계곡 동토층에서 기원전 5~3세기의 쿠르칸 고분군이 발견되었다. 이들 총 26기의 고분군에서는 옷장식·목걸이·낚시·돌창 같은 유물들이 다수 출토되었다. 유물 중에는 '얼음공주' 미라가 단연 눈길을 끈다.

그중 가장 큰 것은 지름 47m에 높이 2.2m로, 축조하는 데 총 돌과 흙 1,800㎥이 쓰였다. 유물 중에는 쿠르간, 스키타이식 미라, 동물문양, 동물투쟁도, 문신, 바퀴살이 34개나 달린 목제 4륜차 등 스키타이 고유의 문화 유물이 가장 많다. 특기할 것은 얼어붙은 2호분에서 귀여운 '얼음공주' 미라가 출토된 사실이다.

이 고분군에서는 스키타이를 통한 동서교류가 반영된 유물도 상당수가 발견되었다. 5호분의 중국산 비단 자수품, 6호분의 산자문(山字紋) 청동거울(기원전 4세기 전국시대), 진(秦)나라식 거울 등은 중국제 유품이거나 중국문화의 영향을 받은 유물들이다. 5호분의 페르시아 벽걸이 모전(毛氈)에 그려진 동물투쟁도나 두 폭의 기사도(騎士圖) 주인공은 분명히 아르메니아인이나 페르시아인이며, 그밖에 모전이나 직물의 서아시아식 기하학 문양도 눈에 띈다.

한반도에서도 파지리크 고분군을 비롯한 스키타이 문화유산과 동형동류(同型同類)의 유물이 여러 점 발견되었다. 경주 일원의 적석목곽분, 신라와 고구려의 벽화나 고분 속의 등자(鐙子)를 비롯한 각종 마구와 장식품, 동물투쟁도, 수렵도 등이 그러한 예들이다. 한 가지 흥미로운 것은 신라 금관에 달려 있는 곡옥(曲玉)에 관해 의견이 분분한데, 그런 곡옥이 바로 앞에 언급한 기사도의 말 장식품에 나타난다는 사실이다. 새롭게 해석해봄 직하다.

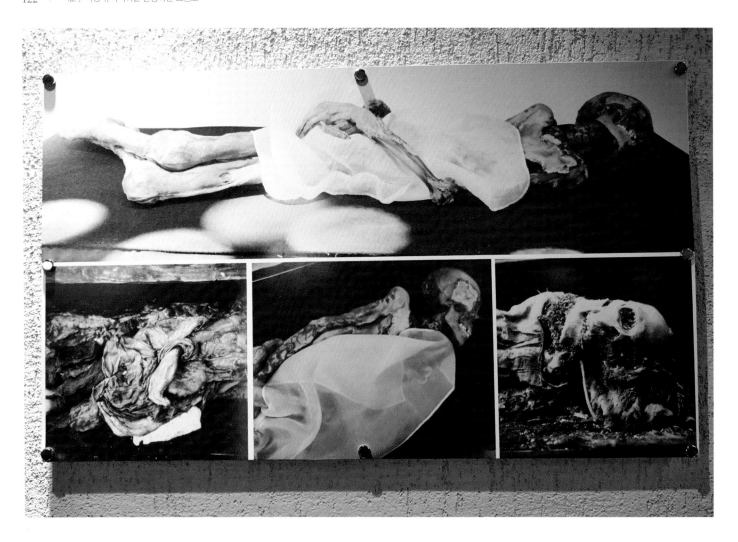

01 얼음공주 유체
파지리크 고분군은 해발 1,650m 고산지대인데다 일년 내내 동결상태가 유지되는 기후조건으로 인하여 시신들이 썩지 않은 상태 그대로 보존되어 있다. 스키타이식 미라 처리를 한 남녀 유체가 발굴되었는데, 그중 여자 미라를 '얼음공주'라고 부른다.

02 미라의 팔뚝에 새겨진 문신
파지리크 고분군 제2호분에서 발굴된 남녀 미라의 팔뚝에는 모두 문신이 새겨져 있다. 얼음공주의 팔뚝에는 말 그림이, 남자 미라의 팔뚝에는 다양한 환상적인 문양이 선명하게 보인다.

03 얼음공주를 복원한 모습
머리에 화려한 금장식 관을 쓰고, 금으로 장식한 목걸이를 한 얼음공주의 복원 모습에서 화려한 알타이의 황금문화를 미루어 짐작할 수 있다. 금의 산지인 알타이 문화와 함께 스키타이에 의한 동·서 문명교류상의 일단도 엿볼 수 있다.

04 파지리크 고분군 제2호분 모형
알타이공화국 수도 고르노알타이스크 박물관에서는 발굴 당시의 목곽과 그 안에 안치된 시신, 그리고 배장품들을 그대로 복원해 전시하고 있다.

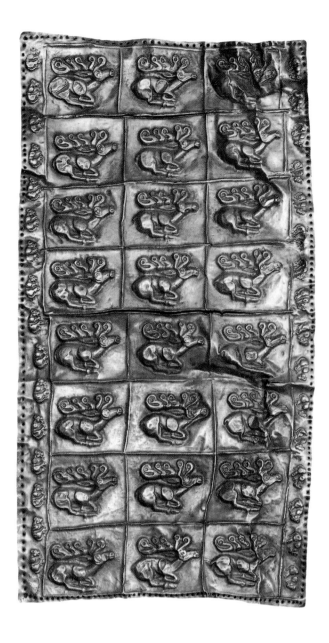

05

06 07

05.06.07 스키타이의 금제 장식품들
알타이의 황금문화를 실감할 수 있는 스키타이의 금제 장식
품들이 파지리크 고분군에서 많이 출토되었다. 사슴 모양이
새겨진 금박 화살통(왼쪽)과, 사슴 모양의 공예품(아래 왼
쪽), 스키타이 무사들의 전투 장면이 새겨진 금제 빗(아래 오
른쪽) 등을 통해 찬란했던 스키타이의 황금문화를 접할 수
있다.

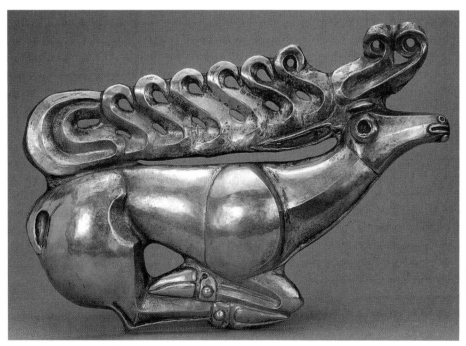

08 '산자문(山字紋)' 청동제 거울

파지리크 고분군 제6호분에서는 기원전 4세기경 중국 전국시대의 유물로 산자문(山字紋)이 새겨진 청동제 거울, 이른바 '진식경(秦式鏡)'이 발굴되었다. 이것은 이 고분군의 주역인 월지인이나 스키타이에 의한 중국(전국시대)과의 교류상을 시사해준다.

09 맷돌

파지리크 유물 중에서는 한반도의 농경문화와도 상관된 맷돌이 나왔다. 일찍부터 농경이 발달한 세계 도처에서는 이러한 맷돌들이 발견되는데, 이는 문명교류에 의한 전파라고도 할 수 있으나, 문명 수준이 비슷한 사회에서는 동류의 문명요소가 창출될 수 있다는 문명의 보편성에 기인한다고도 할 수 있다.

10 청동제 등자

스키타이인들이 사용하던 청동제 말 등자(鐙子)는, 그들이 당시 주된 교통수단인 말을 이용하여 동서교류의 주역으로 활동했음을 짐작하게 한다.

11 카라수크 동물 모양 청동기

기원전 2000년대 말에서 기원 1000년대 초에, 오비강과 예니세이강 상류 유역을 중심으로 한 지역에서 성행한 청동기문화를 카라수크 문화라고 한다. 러시아 노보시비르스크 부근 카라수크촌에서 청동기가 처음 발견되어 지어진 이름이다. 이 문화의 청동기 제품에는 장신구·도끼·단검·낫이나 구부러진 나이프 등이 있으며, 장식문양으로는 기하학적 문양 외에, 야생이나 가축 동물의 두부 등을 사실적으로 조각한 것도 있다.

알마티

Almaty

카자흐어로 '사과의 아버지'란 뜻의 알마티는 톈산 산맥의 북쪽 기슭에 자리한 숲속의 정원도시다. 이 산맥에서 흘러내리는 7개의 강이 세미레치에(Semirechye, 七河地帶)로 모여드는데, 그 지역의 중심부에 알마티가 자리하고 있다. 그리고 이곳은 카자흐스탄 초원의 동단(東端)이자 중가리아 분지나 알타이로 들어가는 동구(洞口)다. 이런 지정학적 요인 때문에 알마티는 옛날 중앙아시아를 관통하는 초원로의 중요 거점이었다. 근세에 와서는 18세기 중엽 제정러시아 때 동쪽의 중가리아로부터의 침입을 방어하기 위해 세운 '베르니(Berni) 요새'였으나, 점차 도시로 발전해 1921년에 지금의 이름으로 바뀌었다.

기원전 1000~900년 청동기시대에 농경민과 목축민이 이곳에 정착하

기 시작하였으며, 기원전 700년경에는 이미 다양한 고분을 조성하였다. 이 지역에서 출토된 많은 고분 유물 가운데 단연 압권은 1969년 알마티 동쪽 50km 지점의 이시크(Issyk) 고분(기원전 5~4세기)에서 나온 사카족의 '황금인간'(Golden Man)이다. 키 215cm의 젊은 청년 유해인 이 '황금인간'은 무려 4,000여 장이나 되는 황금조각으로 지은 옷을 입고 있다. '황금인간'의 세부 장식품인 나무와 새 모양의 장식이나 머리 및 각종 쇠붙이 장식 등은 신기하게도 신라의 금관이나 황금 유물에서 보이는 것과 같다. 이는 두 지역의 황금문화의 상관성을 시사한다.

카자흐스탄 대초원
동서로 3,000km에 이르는 광활한 카자흐스탄 대초원은 세계에서도 유수의 대초원으로서 20만 마리의 말을 길러내는 방목초원일 뿐만 아니라, 옛날에는 알타이산 황금을 동서로 나르던 황금의 초원길이나 있었다. 오늘날은 원유를 비롯한 풍부한 지하자원을 개발하고 운반하는 또 다른 황금의 초원길이 운영되고 있다.

알타이 산맥 주변 지역에서는 이러한 석인상들이 많이 눈에

01 카자흐스탄 국립중앙박물관 외관
알마티의 카자흐스탄 국립중앙박물관은 1985
년에 새로 지어졌는데, 전시실 면적이 1만
7,500㎡나 된다. 소장 유물만도 무려 20만 점
이 넘어 중앙아시아에서는 가장 크고 오래된 박
물관이다.

02 박물관에 전시된 석인상
투르크족들이 세운 석인상으로, 알타이 산맥
주변 지역에서는 이러한 석인상들이 많이 눈에
띈다.

03 복원된 황금인간
1969년 알마티시 동쪽의 이시크 고분에서 황
금조각을 몸에 두른 유해 한 구가 발견되었다.
기원전 5세기경 스키타이의 한 부족인 사카
(Saka)족 문화권에 속하는 귀족 청년으로, 그
의 몸에 4,000여 장이나 되는 황금조각으로
옷을 지어 입혔기 때문에 '황금인간'이란 이름
이 붙여졌다. 알마티시의 카자흐스탄 역사박
물관 현관에 그 모형이 전시되어 있다.

04 이식쿨호
키르기스스탄 동쪽에 위치한 호수로 둘레가
약 700km나 된다. 호수 이름은 키르기스어로
'따뜻한 호수'를 의미하는데, 만년설을 머리에
인 텐산 산맥의 지맥들이 병풍처럼 호수를 에
워싸고 있다. 7세기 인도로 가던 길에 이곳에
들른 중국의 고승 현장은 여행기에서 이 호수
를 '열해(熱海)'라고 불렀다.

잠불

횡단 길이가 약 3,000km에 달하는 카자흐스탄 대초원의 동단 알마티에서 약 600km 거리에 잠불이라는 초원도시가 있다. 이 대초원을 가로지르는 길은 기원 전후 1000여 년 동안 지속된 황금문화시대에 유라시아의 북방 유목기마민족들이 말을 타고 알타이산 황금을 서쪽 그리스 식민지로 실어 나르던 '황금의 초원길'이었다. 오늘은 '검은 금'이라고 하는 이 나라의 원유(세계 7위의 매장량)와 천연가스 등 각종 광물질을 끊임없이 동서로 운송하고 있는 또 다른 '황금의 초원로'이기도 하다. 훤히 뚫린 초원로 상에는 '실크로드 카페'란 간판도 눈에 띄고, 마르키(Marki)란 푯말이 세워져 있는 마을을 지나가기도 한다. 이곳은 텐산 산맥의 한 지맥으로 카자흐스탄의 남방경계를 이루고 있는 알라타운 산

탈라스강
잠불은 탈라스강을 끼고 있는 드넓은 초원지대에 건설된 고도다. 잠불의 옛 이름은 탈라스로, 751년 고선지가 이끄는 당군과 석국 – 이슬람 연합군 간에 벌어진 유명한 탈라스 전쟁이 바로 이곳에서 진행되었다.

맥의 북쪽 기슭에 자리한 산간마을이다. 여기가 바로 1385년 전(628년) 중국 고승 현장(玄奘)이 구법차 인도로 가면서 들른 '천천(千泉)'이다. 샘이 1,000개나 있다고 해서 붙여진 이름이다.

잠불은 1262년 전(751년) 고구려 유민의 후예인 고선지(高仙芝)가 이끄는 당나라 원정군과 중앙아시아의 석국(石國)–이슬람 연합군 간에 벌어졌던, 세계전쟁사에도 길이 남을 유명한 탈라스(Talas)전쟁의 현장이다. 러시아의 동양학자 바르톨드(V. V. Bartol'd)는 문헌기록과 출토된 유물에 근거해 1904년 당시 탈라스강 가에 있는 인구 2만 명의 작은 도시 올리아타(Aulie-ata)가 옛날 탈라스라고 고증했는데, 바로 지금의 잠불이다. 이 도시는 러시아 10월혁명 후 소련 당국이 카자흐족의 위대

한 시인 '잠불'의 이름을 따서 이렇게 개명하였다.

탈라스강을 끼고 드넓은 탈라스 초원이 펼쳐져 있다. 탈라스전쟁과 같은 수만 명의 대군이 접전하는 대규모의 국제전이 벌어진 전쟁터라면, 분명히 전략상 중요한 교통 요지였을 것이다. 잠불 박물관에는 옛날 탈라스의 모습을 전하는 교류 유물들도 다수 전시되어 있다.

01 잠불 성채
탈라스강을 해자로 하여 잠불 성채가 축성되었다. 즉 성채 앞면에 탈라스강이 있고, 뒤
편에 잠불 시내가 조성되어 있다.

02.03.04.05 잠불박물관과 각종 유물들
잠불 박물관(오른쪽 위)에는 각종 토기 유물들이 많이 전시되어 있다. 특히 봉수유리
병처럼 주둥이가 새머리 형태를 띤 토기(오른쪽 아래)를 비롯하여, 인골을 보관하는
옹관(오른쪽 아래)도 있다.

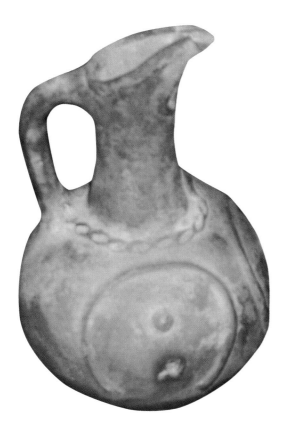

히바

Khiva

기원전 5세기 헤로도토스는 저서 『역사』에서 처음으로 스키타이가 동방 교역로로 개척한 초원로를 제시하였다. 그후 나타난 여러가지 관련 기록과 유물들을 검토한 결과, 초원로의 주로(主路)는 유럽 발트해에서 출발해 흑해와 카스피해 동북편을 거쳐 아랄해 남안을 지나 카자흐스탄 초원으로 이어진다는 사실을 알아냈다. 역대로 '아랄해 남안' 지역의 중심지는 바로 히바다. 이곳은 잠불과 더불어 중앙아시아 초원로의 한 거점이었다.

히바는 중앙아시아 아무다리야강 하류의 좌안 호라즘 지방에 위치한 고도다. 시 전체가 박물관으로 유네스코 세계문화유산으로 등재될 정도로 유구한 역사를 가지고 있다. 1220년 몽골 서정군에 의해 파괴되어 이전의 유물은 남아 있는 것이 거의 없다. 현재의 건물들은 주로 16세기 말 호라즘 왕국이 수도를 이곳으로 옮겨오면서 번영을 누릴 때 지은 것들이다. 19세기 전성기에는 영토가 동으로 시르다리야 강안, 남으로 아프가니스탄 국경까지 확장되었다. 교통 요로에 자리한 히바는 그때부터 1920년대까지 줄곧 호라즘 지방의 수부(首府) 역할을 해왔다. 8세기 중앙아시아가 이슬람화되면서 히바는 부하라와 더불어 이슬람 '성도(聖都)'로 이슬람문명 전파의 한 기지가 되었다.

히바는 내성(內城)과 외성(外城)의 두 부분으로 구성되어 있는데, 면적 26헥타르의 내성에는 궁전과 사원, 마드라사(신학교), 묘당 등이 있으며, 높이 7~8m, 길이 2.2km 성벽으로 에워싸여 있다. 외성에는 상인과 수공업자들이 직종별로 구역을 형성해 거주하였다. 나무기둥 212개를 받쳐 지은 대사원을 비롯하여, 호라즘의 전통적 건축술과 아랍-이슬람식 건축술을 융합해 지은 건물들이 눈에 띈다.

히바성
히바성은 내성인 이찬 칼라와 외성인 디산 칼라로 구성되어 있다. 지금도 옛 모습을 고스란히 간직하고 있는 내성은 모래언덕 위에 기반을 다지고, 햇볕에 말린 흙벽돌로 건물과 성벽을 축조하였다.

01 히바시 전경

히바는 총 4만여 점의 유물을 소장한 13개의 박물관, 20개의 마스지드, 6기의 미나라가 있는 '문화유적 도시'다. 1990년에 도시 전체가 유네스코 세계문화유산으로 등재되었다.

02.03 내성 안의 미나라들

히바에서 가장 높은 57m의 이슬람 호자 미나라(왼쪽)의 경우, 그 정상에 올라가면 시내를 한눈에 조감할 수 있다. 미완성인 칼타 미나라(오른쪽)는 무함마드 아민 칸이 지시하여 1852년에 착공했으나, 그가 페르시아와의 전쟁에서 전사하면서 3년 만에 중단되었다. 기단부의 둘레가 14.2m인 점을 감안할 때, 완공하였다면 70~80m는 되었을 것이라고 전문가들은 말한다.

04

05

04 코흐나 아르크 옥좌 테라스

17세기에서 18세기에 걸쳐 한 세기 이상 건설한 코흐나 아르크(오래된 궁전)는 칸들의 집무 장소로 쓰였다. 이 건축물에서 가장 화려한 곳은 2개의 나무기둥이 받치고 있는 옥좌 테라스다. 벽은 칠보 타일로, 천장은 적색·황색·녹색·흑색의 다양한 채색 타일로 장식되어 화려한 이슬람 건축의 백미라고 할 수 있다.

05 주마 마스지드 기둥들

한번에 5,000명을 수용할 수 있는 대사원인 주마 마스지드는 10세기경에 지어졌는데, 몇 차례 개축하고 18세기 말경 증축한 것이 오늘에 이른다. 높이 5m의 실내 예배당 천장을 3m 간격으로 212개의 나무기둥이 받치고 있다. 기둥마다 굵기나 받침대, 조각 등이 다른 것이 특징이다.

제3장

시베리아

러시아는 19세기에 이르러 뒤늦게 부설한 시베리아횡단철도를 통하여

동서양의 문물이 소통되는 시베리아 초원로를 개통시켰다.

그러나 고구려와 발해는 이보다 일찍이 서역에 담비 가죽을 수출하는

'초원로'를 개척함으로써 시베리아 초원로의 서막을 열었다.

블라디보스토크

Vladivostok

러시아는 16세기 초·중반에 시베리아 진출로 상에 있는 카잔(Kazan) 등 몇 개 칸국을 강점한 데 이어, 1581년에는 코사크의 모험가 예르마크 (Yermak)를 대장으로 하는 탐험대가 오비강을 넘어 이르티시강 유역에 자리한 시비르(Sibir) 칸국을 공략하고, 이 땅을 이반 4세 황제에게 바쳤다. 그후 우랄 산맥 동쪽의 광활한 초원지대를 일괄해 '시베리아'라고 불렀다.

러시아어로 '동방 정복'이란 뜻을 지닌 블라디보스토크는 이름부터 러시아의 '동진(東進)'을 반영한 근대 도시다. 러시아인들이 1856년에 '발견'한 이 도시는 애초부터 러시아의 태평양 진출을 위한 교역 항구를 겸한 군항으로 개항되었으며, 또한 서방으로 가는 시베리아횡단철도의 시발점이 되었다. 러시아의 '동진' 이전에는 중국 청나라 길림부도통(吉林副都統)에 속해 있었다. 그러다가 러시아와 영토분쟁이 일어나자 두 나라는 1860년 불평등한 베이징조약을 맺었고, 결국 중국은 이곳을 포함한 우수리강 이동(以東) 지역의 약 40만km²의 넓은 땅을 러시아에 내주고

시베리아횡단철도 동단 종착역인 블라디보스토크역
1891년에 시작해 1916년에 완공한 시베리아횡단철도는 세계에서 가장 긴 철도다. 역 구
내의 이정탑 기둥에 쓰여 있는 '9288'이라는 숫자는 블라디보스토크에서 모스크바까지의
전체 철로 길이가 9,288km라는 것을 뜻한다.

말았다. 이를 계기로 러시아는 본격적인 이주를 시작하면서 자그마한 어
촌이던 이곳을 연해주 지방의 행정 중심 도시로 키워나갔다.

한편, 이즈음부터 극동 시베리아에 대한 한인들의 이주사가 시작되었
다. 본격적인 이주는 1863년 인접한 함경북도의 13호 농가가 노브고로
드(Novgorod)만으로 이주한 것이 그 효시다. 반세기가 좀 지나서는 그
수가 20만 명을 넘어섰다.

역사를 거슬러올라가면, 블라디보스토크를 중심으로 한 극동 시베
리아는 한때 한민족의 정통국가인 해동성국(海東盛國) 발해가 지배
하던 영역이었다. 주변의 니콜라예프카(Nikolaevka)나 고르바트카
(Gorbatka) 등 발해 성터에서 출토된 8~10세기의 숱한 유물들이 그것
을 실증하고 있다. 이곳에서 북쪽으로 280km 떨어진 노보고르데예프
카(Novogordeyevka) 성터에서는 온돌을 비롯한 여러가지 발해 유물
과 더불어 8세기경에 주조한 중앙아시아 소그디아나의 은화가 발견되
었다. 이 유물의 보관자인 러시아의 샤프쿠노프(E. V. Shavkunov) 박

사의 증언에 의하면, 이 은화는 중앙아시아의 사마르칸트(소그디아나)
에서 8세기경에 주조한 것으로 중요한 교역수단으로 쓰인 것이 분명하
다고 한다. 당시 중앙아시아 상인들은 은화를 주고 발해의 특산물인 초
피(貂皮, 담비 가죽)를 구입해 갔을 것이다. 이러한 추단과 더불어 중간
연결 지점 격인 치타(Chita)에서 등자(鐙子) 같은 고구려 유물과 동·서
문물이 동시에 발견된 점 등을 감안해 샤프쿠노프 박사는 사마르칸트
~치타~발해 상경(上京)~연해주로 이어지는 이른바 '제2 동아시아 교
역로', 즉 '초피로(담비로)'의 가설을 제시하였다. 이 길은 발해의 5대 국
제로의 하나인 거란도(契丹道)와 일치한다.

01

02
03

01 블라디보스토크 항구
러시아는 시베리아횡단철도를 놓으면서 극동의 관문인 이 항구를 부동항으로 개발하였다. 시베리아 초원로 동단의 이 항구는, 러시아가 태평양 진출을 위하여 육로와 해로를 연결하는 중요한 정치적·군사적 요충지이기도 하다.

02 스체클라누하 발해 성터
바닥이 감자밭으로 변해버린 이 성터에서 발해시대에 쓰인 절구가 발견되었다. 높이 3m, 너비 2m 가량의 흙벽으로 둘러싸인, 둘레가 약 500m 정도의 아담한 성터다.

03 니콜라예프카 발해 성터
'해동성국' 발해의 성터가 잡초에 묻혀 있어 옛 영화를 무색하게 한다. 남아 있는 토성의 높이는 5m, 너비는 2~3m, 둘레는 3km 정도다. 약 300m 간격으로 고구려성이나 발해성의 특색인 치(雉)가 튀어나와 있다. 그리고 지금도 물이 흥건히 고여 있는 해자(垓字)가 성벽을 두르고 있다.

04

05

04.05 노보고르데예프카 발해 성터와 출토된 소그드 은화
블라디보스토크에서 북방으로 약 280km 떨어진 곳에 있는 발해 성터(위)다.
이 고성에서는 온돌을 비롯한 발해의 여러가지 유물이 나왔다. 특히 성터 바깥의
한 취락지에서는 소그드 은화(아래)가 발견되었는데, 이는 중앙아시아의
사마르칸트(소그디아나)에서 8세기경에 주조된 것이다. 당시 소그드 상인들은 이
은화를 가지고 와서 발해의 특산물인 초피를 구입해간 것으로 보인다.

발해 성터에서 발굴된 각종 유물들
발해 토기 항아리들(위)과 수막새 기와(아래 왼쪽), 맷돌(아래 오른쪽) 등
눈에 익은 유물들은 한(韓)민족의 옛날 생활상을 그대로 보여준다.

초원로를 통한 담비가죽의 무역 –'초피로'

'해동성국' 발해의 옛 성터 노보고르데예프카에서 8세기경에 주조된 중앙아시아의 소그드(사마르칸트) 은화가 발견되었다. 이는 당시 중앙아시아와 발해 사이에 교역이 이루어지고 있었다는 증거다. 또한 시베리아 초원로상에 있는 치타(Chita)에서는 등자(鐙子) 같은 고구려 유물이 발견되어, 발해 이전에 고구려도 이미 초원로에 진출했음을 시사해준다.

　　러시아 극동고고학연구소의 사프쿠노프(Shavkunov) 박사는 극동 지역의 초원로 상에서 동·서 문물이 발견된 점 등을 들어 사마르칸트~치타~상경(上京, 발해의 수도)~연해주(沿海州)로 이어지는 이른바 제2의 동아시아 교역로, 즉 '초피로'가 있었음을 가설로 제시하였다. 중세의 아랍 지리학자 이븐 쿠르다지바(Ibn Khurdādhibah)가 쓴 『제도로 및 제왕국지』에도 신라가 아랍에 수출하는 교역품의 일종으로 초피를 꼽고 있다. 초피는 곧 담비가죽인데, 옛날부터 한반도와 그 북방에서 나는 초피가 중국은 물론 서역에서도 인기있는 교역 물품이었다. 따라서 사프쿠노프 박사의 '초피로' 가설은 가설이 아닌 정설로 받아들일 수 있을 것이다.

노보고르데예프카 발해 성터에서 발견된
소그드 은화

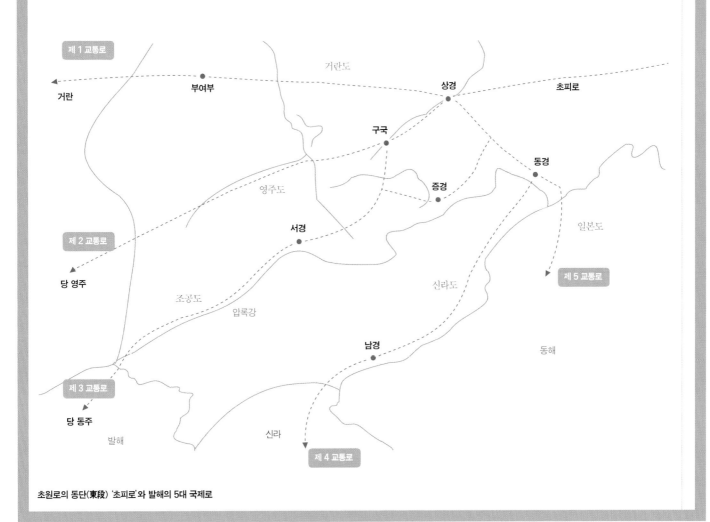

초원로의 동단(東段) '초피로'와 발해의 5대 국제로

하바롭스크

Khabarovsk

시베리아 초원로의 대동맥인 시베리아횡단철도가 옛 소련시절에는 국방상 이유로 하바롭스크에서 멎고, 더이상 동쪽으로 가지 못하였다. 그렇게 이곳은 시베리아 초원로에서 병목 역할을 하는 고장이다. 사실 이곳은 천혜의 자연보고이자 극동 시베리아의 심장부로서 볼거리가 적지 않다. 그러나 흔히들 "아무르강을 보기 위해 하바(하바롭스크의 약칭)로 간다"고 한다. 중국 사람들은 물줄기가 검은 용처럼 꿈틀거리며 흘러간다고 하여 아무르강을 '헤이룽강(黑龍江)' 혹은 '흑수(黑水)'라고 부른다. 길이 5,498km로 세계에서 열번째로 긴 이 강은 몽골 북부의 헨티산에서 발원해 러시아와 중국을 가르는 국경선을 이루면서 하바를 오른쪽으로 끼고 북동 방향으로 흘러가 오호츠크해에 유입된다.

아무르강이 사람들 사이에서 깊은 관심을 끌게 되는 요인은 대체로 다음 두 가지다. 하나는 강을 에워싼 무모한 분쟁인데, 1858년 당시 동시

베리아 총독이던 무라비요프(N. Muraviyov)는 청나라로부터 아무르강 영유권을 빼앗기 위한 군사전초기지로 하바롭스크를 세웠다. 애당초 발상이 그러하다 보니 오늘날까지 강을 볼모로 중국과의 국경분쟁이 끊이지 않는다.

다른 하나는 아무르강이야말로 숭고한 영혼들이 수장된 역사 현장이라는 사실이다. 연해주 우수리스크에서 이주민의 딸로 태어난 김알렉산드라는 러시아에 침입한 일본군의 후원을 받는 백파군(白派軍)과의 싸움에서 체포되어 아무르 강변에서 총살당하였다. 그녀는 한반도의 13개 도(道)를 상징하는 열세 발짝을 뗀 뒤 돌아서서 총탄에 맞아 죽기를 자청하였다. 향년 33세, '대한 여자의 사표(師表)'인 그녀의 시신은 강에 버려졌다. 시민들은 비통해하며 그후 오랫동안 이 강에서 낚시를 하지 않았다고 한다.

아무르강

러시아에서는 아무르강(Amur), 중국에서는 헤이룽강(黑龍江) 또는 헤이허(黑河)라고 부르고, 몽골인과 퉁구스인은 하라무렌('검은 강'이라는 뜻)이라 부르는 것처럼, 길이 5,498km에 달하는 이 강의 유역은 러시아·중국·몽골에 걸쳐져 있다. 그러다 보니 러시아와 중국 간에 국경분쟁이 종종 일어난다.

하바롭스크는 아무르강과 더불어 한반도와 밀접한 유대관계를 갖고 있다. 아무르강 유역에 자리한 트로이츠코예 유적은 1,000기의 고분이 밀집·분포되어 있는 극동시베리아 최대 규모의 유적으로, 8~10세기에 조성된 발해 유적으로 판명되었다. 거기까지가 '해동성국' 발해의 영역이었다는 점에서, 이 유적이 갖는 의미는 자못 크다. 또한 이 도시에서 약 70km 떨어진 사카치 알리안 지역의 신석기시대 바위그림에서 보이는 와권문(渦卷紋, 소용돌이 물결무늬)과 한반도의 반구대나 천전리 바위그림의 문양이 같은 이유를 밝히는 것은 앞으로의 연구과제다.

01 **김알렉산드라 처형지**
함경북도에서 태어난 김알렉산드라는 1918년 이동휘 등과 함께 하바롭스크에서
한인 사회당을 결성해 독립운동에 헌신한 여성 투사다. 33세 때 일본군에 체포되어
아무르 강변의 이곳에서 총살형을 받았다.

02 **하바롭스크 다리**
아무르강을 가로지르는 이 다리 위로 시베리아횡단철도가 지나간다. 세계 10대
강의 하나로 길이가 5,498km인 아무르강은 몽골 북부의 헨티산에서 발원하여
러시아와 중국을 가르는 국경선을 이루면서 동류해, 하바롭스크를 오른쪽으로 끼고
북동 방향으로 흐름을 지속해 오호츠크해로 흘러든다.

03 **무라비요프 동상**
동시베리아의 총독이자 하바롭스크의 건설자인 니콜라이 무라비요프는 중국
청나라와 아이훈조약, 베이징조약을 맺어 헤이룽강 이북의 연해주를 러시아 땅으로
편입시킨 장본인이다.

04 **트로이츠코예 고분 출토 발해 토기**
한국국립문화재연구소는 2007년 7~8월 러시아 서아무르 지역 트로이츠코예
고분군을 발굴한 결과 발해 토곽묘 19기와 발해 토기 100여 점을 발견하였다.
이러한 유물들은 당시 발해인들이 아무르강(헤이룽강)까지 개척하였다는 사실을
보여준다.

울란우데

Ulan-Ude

시베리아횡단열차와 베이징에서 몽골을 거쳐 모스크바로 가는 열차가 만나는 접합지에 부랴트(Buryat) 공화국의 수도 울란우데가 자리하고 있다. 서쪽으로 바이칼 호수를 끼고 있는 이 도시의 이름은 '붉다'는 뜻의 '울란'과 '우다'라는 강 이름에서 따온 합성어다. 부랴트는 칭기즈칸 시대에 몽골제국에 편입된 이래 러시아가 시베리아에 진출할 때까지 줄곧 몽골과 운명을 같이하였다. 그러다가 1727년 러시아와 중국 청나라 사이에 맺은 카흐타조약에 의해 러시아령이 되었으며, 러시아혁명 후에는 이곳에 자치공화국이 세워졌다.

울란우데는 한민족과 혈연 및 역사·문화적으로 친연성을 갖는 부랴트인들의 고향이다. 미국 에모리대학 연구소의 세계 종족별 DNA 분석

부랴트 민속박물관 외경
울란우데는 부랴트공화국의 수도이며, 부랴트인들의 마음의 고향이다. 부랴트인들은 한국인과 DNA가 같다는 연구 결과가 있으며, 실제로 여러가지 면에서 문화적 상관성을 보여주고 있다. 이러한 상관성은 인접한 러시아 도시 우스치오르딘스크의 부랴트 민속박물관에서 찾아볼 수 있다. 샤먼의 굿모습, 강강술래, 씨름 등이 그 예다.

자료에 의하면 바이칼 주변의 부랴트인과 야쿠트인, 아메리카 인디언, 그리고 한국인의 DNA가 거의 같다고 한다. 평평한 얼굴, 툭 튀어나온 광대뼈, 얇은 입술, 낮은 코, 두꺼운 눈꺼풀, 실처럼 가는 눈, 작달막한 체구, 두꺼운 피하지방층 등이 일치한다는 것이다. 원래 부랴트인들은 바이칼 호수 분지와 안가라(Angara)강 유역, 동사얀(East Sayan) 산맥에서 유목생활을 해온 고대 아시아인의 몽골계에 속한 인종이다. 신화에 따르면 '부르데 치노', 즉 '푸른 늑대'라는 이름을 가진 남자가 그들의 조상이라고 한다. '부랴트'는 바로 '늑대'라는 뜻의 '부르데'에서 유래한 것이다.

바이칼 부근의 부랴트 박물관에는 샤먼의식에 필요한 도구들, 장옷과

마고자, 세형동검과 비파형동검, 씨름과 강강술래 같은 한민족의 문화와 매우 유사한 유물들이 전시되어 있어 특히 눈길을 끈다. 샤머니즘은 부랴트인들을 포함해 시베리아인들의 정신적 근간이 되는 원시종교로, 인간과 주변의 자연환경이나 현상에 대한 관계를 중시하는 친환경적 정신세계이자 사상이라고 말할 수 있다.

01 씨름

부랴트인들의 생활상을 표현한 그림 속에 씨름하는 장면이 나오는데, 이는 고구려 고분인 각저총(角抵塚) 주실(主室)의 벽화 속 서역인(페르시아인)과의 씨름 그림과 매우 흡사한 형태를 취하고 있다.

02 샤먼의 굿

부랴트인들의 생활 중에서 샤먼의 굿판은 한반도에서 무당이 하는 굿거리와 별반 다르지 않은 풍경이다. 샤머니즘은 부랴트인들을 포함해 고(古)아시아계 북방민족들의 정신적 근간으로서, 인간과 주변의 자연환경이나 현상에 대한 관계를 중시하는 친환경주의 사상이다.

03 강강술래

밤에 마당 가운데 모닥불을 피워놓고 서로 손을 잡고 원을 그리며 빙빙 도는 그림이 한민족의 강강술래와 똑같은 구도를 취하고 있다.

04 담뱃대

임진왜란을 전후해 일본으로부터 한반도에 들어온 담배는 빠르게 확산되었다. 조선조 인조 때인 17세기 중엽에 몽골소와의 교역품으로 몽골에 전해져 큰 인기를 얻었다. 칭기즈칸 시대부터 500여 년간 몽골 치하에 있을 때 부랴트인들이 담배와 담뱃대를 받아들였을 것이다.

이르쿠츠크

Irkutsk

이르쿠츠크는 시베리아 초원로를 따라 그 연변에 세워진 도시들 가운데에서 근 400년의 역사를 가진 가장 오래된 도시다. 1615년 러시아의 시베리아 개발에 앞장섰던 카자크(Kazak) 기병들이 안가라 강변에 자그마한 기지촌을 만든 것이 이 도시 건설의 시작이었다. 점차 동시베리아 경략의 거점으로 확장되다가 1686년에 도시로 승격하였으며, 18세기 초엽에 이르러서는 시베리아 정치 · 경제의 중심지로 부상하였다. 18세기 중엽에 이르쿠츠크 원정대와 상인들이 알래스카까지 진출함으로써 시베리아에서 가장 중심적인 도시로 군림하였다. 그러다가 19세기에 들어와서는 유형의 땅으로 변하였다. 특히 당시 유배를 온 청년 혁명가들인 데카브리스트(Dekabrist)들과 부인들의 기막힌 순애보(純愛譜)에 의해 잠자던 시베리아 동토에 자유와 근대적 문명이 전해지면서, 이곳은 '시베리아의 파리'로 파격적인 변화를 하게 되었다.

시베리아 고풍을 녹여낸 '파리풍(風)'은 지금까지 이르쿠츠크 사람들의 끈질긴 노력으로 면면히 이어져왔다. 주택을 비롯한 전통 건물들을 유심히 살펴보면, 크기나 외양에서 같은 것이 거의 없을 뿐만 아니라, 아기자기한 색깔과 문양은 기괴할 정도로 다종다양하다. 이곳 사람들은 무언가 서로 달라야 신이 식별하고 제대로 찾아온다는 속설을 믿는다. 도식을 피하고 다양성을 추구하는 이곳만의 개성이기도 하다. 현대적 건물도 전통을 따라 탈러시아적인 서구식으로 짓고 꾸민다. 샤머니즘과 러시아 정교회가 추구하는 전통양식과 유럽의 바로크 양식이 혼합된 이른바 '시베리아 바로크' 형식의 독특한 건물이 눈에 많이 띤다.

이르쿠츠크에는 유명한 즈나멘스키(Znamenskiy) 수도원이 있다. 1689년에 문을 연 이 수도원은 이르쿠츠크와 울란우데, 치타 지역까지 관장하는 동시베리아 정교회의 본산이다. 300여 년이 지난 지금까지도 예배가 진행되고 있는 현행 수도원으로, 내부는 화려한 프레스코화로 장식되어 있다. 유명 인사들이 묻힌 공동묘지도 함께 있다. 이 묘역에는 알래스카와 쿠릴(Kuril) 반도를 발견한 '러시아의 콜럼버스' 셀리호프(G. I. Shelikhov)가 묻혀 있다.

이르쿠츠크 역사 외경
1803년 시베리아 총독부가 설치되고, 1898년 시베리아횡단철도가 들어선 이래 이르쿠츠크는 급속하게 현대화되면서 시베리아의 중심 도시로 부상하였다. 이에 걸맞게 현대적인 철도 역사도 건축되었다.

01

02

01 즈나멘스키 수도원
이르쿠츠크 · 울란우데 · 치타 지역을 아우르는 동시베리아 정교회의 본산 역할을 하고 있는 이 수도원은, 원래 수녀들을 위한 숙소로 지어졌다. 흰색 본체에 높은 종탑과 작은 조롱박처럼 생긴 서양의 배(Pear) 모양을 한 파란색 돔이 이색적이다.

02 알렉산드로스 광장
1891년 알렉산드로스 3세는 시베리아횡단철도 공사를 시작하라는 칙령을 내렸다. 이를 기념하기 위하여 알렉산드로스 3세의 동상을 세웠으며, 광장 이름도 그렇게 불렸다.

03 데카브리스트 박물관

데카브리스트는 1825년 12월 러시아 최초로 근대적 혁명을 일으킨 청년 혁명가들을 지칭하는 말이다. 혁명이 실패하자 그들 대부분은 이르쿠츠크를 비롯한 시베리아 여러 지역에 유배된다. 데카브리스트의 한 사람인 발콘스키 백작의 저택을 개조해 이 박물관을 만들었는데, 전시된 유물과 사진을 통해 청년 혁명가들의 치열한 활동상과 숭고한 순애보를 느낄 수 있다.

04 이르쿠츠크의 자수 공예와 상징물

이르쿠츠크 여자들은 꽃과 다양한 형태의 무늬를 수놓는 자수 공예(왼쪽)를 즐긴다. 또한 검은 호랑이가 붉은 담비를 물어 구제하는 도상(오른쪽)은 이르쿠츠크의 상징물인데, 검은 호랑이는 '산신령'으로, 붉은 담비는 고급 모피에 애용되는 귀중품으로 여겨진다. 호랑이를 산신령으로 생각하는 것은 한(韓)민족의 토템 신앙과도 통한다.

바이칼

Baikal

'시베리아의 진주' 또는 '시베리아의 파란 눈'이라 일컫는 바이칼은 부랴트어로 '바이'(큰)와 '칼'(물)의 합성어다. 정말로 '큰 물'답게 이 호수는 길이 630km, 폭 20~80km, 둘레 2,000km이며, 최고 수심이 1,630m로 세계에서 가장 깊은 호수다. 또한 세계 담수량의 20%를 담고 있는 제일의 담수호로, 물의 양이 미국 5대호의 물을 합친 것보다도 많다. 신기한 것은 336개의 하천이 흘러들어와 호수를 이루지만, 거기서 빠져나가는 강은 오직 안가라강 하나뿐이라는 사실이다. 바이칼에는 2,500여 종의 동식물이 서식하고 있는데, 그 가운데 4분의 1 가량은 이곳에만 있는 특이종이다. 바이칼은 40m 깊이까지 육안으로 식별할 수 있을 만큼 세계에서 가장 맑고 깨끗한 호수다. 이렇게 청정한데다 신비까지 곁들인 바이칼의 차디찬 물에 손을 담그면 5년, 발을 담그면 10년이 젊어진다고 한다. 바이칼은 단순한 자연의 큰 물구덩이가 아니라, 숱한 인종의 본향이고, 다양한 문화를 융합시킨 허브나. 이것은 한민족에 해당되는 말이

기도 하다. 빙하기에 온화한 바이칼 주변에 모여 살던 구석기인들이 해빙기에 홍수가 일어나자 남하해 한반도 일원에까지 정착했다고 한다. 그리하여 부랴트·야쿠트·몽골인·한국인들 사이에는 혈통 및 문화적 상관성이 이루어지게 되었다. 이들 인종들은 모두가 샤머니즘을 신봉하며, 짐승을 조상으로 삼는 수조(獸祖) 전설도 공통적이며, '나무꾼과 선녀' 같은 구전문학도 일맥상통한다.

'바이칼 호수'하면 곧바로 연상되는 것이 시베리아 샤머니즘의 메카 올혼섬이다. 섬 한가운데 자리한 부르칸(Burkhan, 不滅)은 자태가 자못 신비스럽고 숭엄하다. 문자 그대로 선경(仙境)이다. 이곳에서 샤머니즘 행사가 거행된다. 그리고 이 섬에 있는 자그마한 박물관에는 맷돌을 비롯해 한국의 것과 흡사한 생활용품과 가재도구들이 전시되어 있다.

특기할 것은 바이칼호 서쪽 안가라 강가에서 비너스상이 발견된 사실이다. 노보시비르스크에 있는 러시아과학원 시베리아민족학 및 고고학

바이칼 호수
타타르어로 '풍요로운 호수'라는 뜻의 '바이쿨'에서 이름을 따왔다는 설도 있다. 약 2,500만~3,000만 년 전에 형성된 지구에서 가장 오래된 호수로, 길이 636km, 폭 20~80km, 면적 3만 1,494km²에 달한다. 호수의 바닥은 해수면보다 1,285m나 낮아 세계에서 가장 깊은 호수가 되었다.

연구소 박물관에는 이곳에서 출토된 비너스상 유물 3점을 선보이고 있다. 지금으로부터 2만 5천 년 내지 2만 년 전 후기 구석기시대에 만들어진 비너스상이, 서쪽으로는 프랑스에서부터 동쪽으로 바이칼호 부근까지 북방유라시아 초원지대에서 출토되었다. 이 유물은 지금까지 알려진 실크로드 상의 교류 유물치고는 가장 오래된 것이다. 그만큼 초원 실크로드의 역사는 유구하다.

01

02 03

01 부르칸산의 세르게
바이칼 호수 한가운데 있는 올혼섬에는 샤머니즘의 전설과 신화를 간직한 부르칸산이 있다. '불함문화(不咸文化)'의 모태가 되고 있는 이 영산을 일렬로 늘어선 세르게(오보)가 지키고 있다.

02.03 딸지민속촌과 망루
정식 명칭이 '건축-인류학박물관 딸지'인 이 민속촌은 건축물을 통해 전통적 삶의 양식을 보여주려고 지은 일종의 야외전시장이다. 입구에는 시베리아 겨울 풍경의 백미인 자작나무숲(왼쪽)이 우거져 있다. 나무로 건축한 민속촌 망루(오른쪽)는 러시아 목조문화의 상징이기도 하다.

비너스상과 세계 각지의 출토지

나체 여인상인 비너스상은 1882년 프랑스 브라상푸이(Brassempouy)에서 처음으로 유물이 출토된 이래 세계 각지에서 각기 다른 형태의 비너스상들이 다수 발굴되었다. 지역별 분포 상황을 보면 프랑스 5곳, 이탈리아 3곳, 남부 독일 1곳, 오스트리아 1곳, 유고슬라비아 2곳, 우크라이나 5곳, 동시베리아 2곳으로 유럽이 절대적으로 많다. 동방에도 서방의 비너스상과 유사한 유물들이 출토되어 주목을 끈다. 중국 북방의 대표적인 신석기문화인 홍산문화(紅山文化) 지역 중심부인 랴오닝(遼寧) 서부 커줘현(喀左縣)에서 도질(陶質)의 여인 나체 소상(塑像) 2점이 발굴되었다. 이어서 뉴허량(牛河梁) 유적에서도 여러가지 나체 여인 니소상(泥塑像) 조각들이 출토되어 고고학계의 관심을 모았다. 한반도에서도 울산 신암리에서 흙으로 빚은 여인상이 발굴되었는데, 신석기 중기의 것으로 4,500년 전 유물로 추정된다. 일본의 경우 아이누족 유적에서 채색토기와 함께 나체 여인상이 출토되었다.

지금까지 발견된 비너스상으로 볼 때 유라시아와 중국 홍산문화구 두 지역 간의 중간환절(中間環節, 연결고리)이 없고, 편년차가 크다는 점에서 교류의 결과라고 내세우기가 쉽지는 않다. 그러나 이처럼 세계 각지에서 유사 유물이 출토되고 있다는 것은 동서 문명교류에 의한 상관성을 고려해볼 수 있게 한다.

바이칼 호수 서쪽 안가라 강가에서 2만 5천 년 내지는 2만 년 전 후기구석기시대에 만들어진 비너스상이 출토되었다. 이것은 그 시대에 이미 동방(바이칼호)과 서구 간에 실크로드 초원로를 통한 교류가 있었음을 증명한다. 비너스상은 인류 최초의 교역품이다.
(오른쪽의 비너스상은 세계 각처에서 출토된 유물들임)

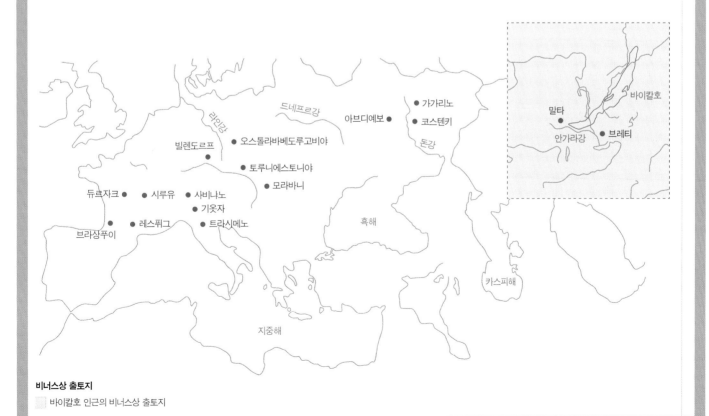

비너스상 출토지
⬜ 바이칼호 인근의 비너스상 출토지

노보시비르스크

Novosibirsk

'새로운 시베리아'란 뜻이 말해주듯, 노보시비르스크는 100년 남짓한 건설 역사를 가진 신흥 도시다. 시베리아 초원로의 대동맥인 시베리아횡단철도 건설의 첫 삽을 뜨던 1893년, 오비강에 놓을 철교의 부지를 찾다가 마침 강폭이 좁고 바닥이 자갈인 이곳이 선택되었다. 러시아의 중앙부에 위치한다는 지정학적 특성과 유리한 자연환경 때문에 애초부터 극동시베리아 지역과 우랄 산맥 너머의 수도권을 연결하는 물류의 중심지로 떠오르면서 급속하게 성장하였다. 2차대전 이후에는 여기에 과학도시가 조성되어 러시아 실용과학의 메카로 자리를 굳혀왔다.

시베리아횡단철도가 부설된 이래 노보시비르스크는 러시아 철도운송의 심장부 역할을 하고 있다. 현재 러시아 철도공사 산하에 17개 지사가 있는데, 이곳에 본부를 두고 12만 명의 직원을 거느리고 있는 서시베리아 철도공사가 화물수송량에서 단연 1위를 차지하고 있다. 시베리아횡단철도(TSR)·만주횡단철도(TMR)·몽골횡단철도(TMGR)와 그리고 중앙아시아의 알마티와 비슈케크, 타슈켄트행 열차가 운행되는 투르크-시베리아철도가 다 이곳을 지나가기 때문이다. 이러한 상황을 반영하듯 이곳에는 야외 철도박물관이 특별히 마련되어 있다.

도시를 관통하고 있는 길이 3,680km의 오비강은 시베리아의 서부와 동부를 가르며 흐른다. 이 강은 알타이 산맥에서 발원해 서부 시베리아 저지를 지나 북극해로 유입된다. 이곳 오비강 철교는 바로 오비강의 서부와 동부 두 지역을 잇는 중요한 교통로 역할을 하고 있다. 이 다리는 1893년에 부설된 것으로 알려졌는데, 고종의 전권공사로 러시아 황제 니콜라이 2세의 대관식에 참석하고 갓 출범한 시베리아횡단철도를 따라 귀국한 노정을 구체적으로 기록한 민영환(閔泳煥)의 『해천추범(海天秋帆)』에는, 이 다리의 개통 날짜가 달라서 주목된다. 민영환은 1896년 9월 1일 철교를 놓는 중이라서 기차에서 내려 배를 타고 오비강을 건넜다고 기술하고 있다. 생생한 현장기록이라 신빙성이 있다.

오비강 철교
시베리아의 동부와 서부를 이어주는 노보시비르스크의 오비강 철교는 시베리아횡단철도 건설 당시 최대의 난공사 구간이었다. 민영환의 시베리아 횡단 여행기 『해천추범』의 정확한 현장기록에 의해 이 철교가 1893년에 건설되었다는 지금까지의 주장이 오류임이 밝혀졌다.

01	
02	

01   와권문 토기

노보시비르스크 박물관에는 바이칼호와 오비강 인근에서 출토된 토기들이 많이 전시되어 있는데, 그 가운데는 와권문
(渦卷文), 즉 물결의 소용돌이무늬 토기가 더러 있다. 와권문은 선사시대 사람들의 어로와 관련이 있는 무늬로서 한반도
암각화의 대표적 무늬이기도 하다.

02   각종 토기들

노보시비르스크에서 출토된 선사시대의 유물 중에 빗살무늬토기가 있는데, 이것은 이곳이 선사시대 북방유라시아에 형
성된 빗살무늬 문화대에 속한 지역이라는 것을 시사한다. 한반도는 이 문화대의 동단이다.

민영환의
『해천추범』에 비친
초원로 코스

『해천추범』 표지

근대에 들어와서 한국인으로 세계를 직접 둘러보고 기록을 남긴 최초의 인물로 대한제국 시절의 민영환(閔泳煥)을 들 수 있다. 그는 아관파천(俄館播遷) 직후인 1896년 4월 1일부터 그해 10월 21일까지 6개월 21일(총 204일)간 일본을 거쳐 태평양을 건너 북아메리카로, 대서양을 건너 영국으로, 다시 도버 해협을 건너 유럽을 횡단하고, 러시아 전 지역을 일주하는 등 총 11개국을 방문하고 나서『해천추범(海天秋帆)』이란 기행문을 남겼다.

이러한 민영환의 기행은 특명전권공사로서 당시 러시아 황제 니콜라이 2세의 대관식에 참석하기 위한 외교적인 성격을 띠었지만, 이를 기회로 세계 여러 나라를 두루 경험한 것은 '조선 근대화'를 위해 외국의 선진문물을 고찰하고 수용하려는 데 근본 목적이 있었다.

특히 주목해야 할 것은 민영환이 시베리아 초원로를 따라 귀국길에 올랐는데, 그 해가 바로 시베리아 초원로의 대동맥인 시베리아횡단철도 부설을 시작한 지 5년째 되는 때로서, 그 현장을 직접 목격하면서 정확하고 생생한 기록을 남겼다는 점이다. 그는 처음 폴란드의 바르샤바에서 러시아 모스크바로 와서 황제 대관식에 참석한 후 일단 상트페테르부르크로 갔다가 귀국길에 올랐는데, 그 노정은 다음과 같다. 상트페테르부르크 → 모스크바 → 니즈니노브고러드 → 카잔 → 우파 → 옴스크 → 노보니콜라예프스(현 노보시비르스크) → 크라스나야르스크 → 이르쿠츠크 → 바이칼호 → 치타 → 네르친스크 → 블라거비쉔스크 → 하바롭스크 → 블라디보스토크까지 정확하게 시베리아 초원로를 따라 귀국길에 오른 것이다. 민영환은 8월 20일 마차를 타고 모스크바를 떠나 10월 1일 기차로 블라디보스토크에 도착한다. 장장 50일간의 긴 여행이다. 일기체로 쓴 그의 기행문에는 총 83구간에 달하는 구간 사이의 거리와 지명이 놀라울 정도로 정확하게 기록되어 있다. 그는 블라디보스토크에서 배를 타고 부산을 거쳐 남해와 서해를 돌아 인천항에 도착하였다.

시베리아 초원로를 답파한 민영환의 귀국길

예카테린부르크

Ekaterinburg

기원전 5세기 헤로도토스가 밝힌 최초의 초원로는 기원전 7세기경부터 스키타이들이 개척한 동방교역로로, 즉 흑해 연안에서 우랄 산맥을 넘어 알타이 지방까지 이르는 초원의 길이다. 이것이 전통적 개념에서의 초원 로다. 예카테린부르크는 우랄 산맥의 남단(南段)에 위치하고 있어, 그 옛 날 초원로의 경과지일 가능성이 높다. 우랄 산맥 동쪽 기슭의 이티디강 연안에 자리한 이 도시는 1721년 러시아가 시베리아 진출을 위한 전초기 지로 삼기 위해 건설하였다. 2년 후에 표트르 대제는 황후인 예카테리나 (Ekaterina, 후의 예카테리나 1세 여제)의 이름을 따서 도시 이름을 지었 다. 도시 건설 5년 후에는 이곳에 러시아의 첫 제철공장이 들어서면서 야 금공업의 중심지로 발돋움하였다.

우랄 산맥에는 이 세상에 알려진 광석과 광물의 절반 이상이 매장되어 있다고 할 만큼 '광물 천국'으로 알려져 있어, 예카테린부르크는 보석가 공으로 명성이 자자하다. 원래 '우랄'이란 '돌로 이루어진 경계'라는 뜻으 로, 우랄 산맥은 유라시아 대륙의 북부에서 아시아와 유럽을 갈라놓는 분계선이다. 이 분계선 상에는 남북을 합쳐 모두 44개의 경계탑(경계비) 이 서 있는데, 그 모양도 오벨리스크형이나 철탑형 등 각기 다르다. 이 도 시에서 17km 떨어진 곳에 세워진 경계탑은 삼각 뾰족철탑(높이 약 20m) 형태다. 이 탑은 '아시아'와 '유럽'이라는 러시아어 단어가 새겨진 받침돌 위에 세워져 있는데, 받침돌 한가운데를 두 대륙을 나누는 분계선이 지나 간다.

아시아와 유럽의 경계를 어떻게 설정할 것인가 하는 문제는 일찍부터 지리학계의 논제였다. 두 대륙을 공유하고 있는 러시아가 앞장서서 그 해 결책을 내놓았다. 18세기 아시아-유럽 경계이론의 창시자인 러시아의 타 치셰프(Tatishev)가 수자원의 원천과 식물의 분포가 확연히 다르다는 자연지리적 조건에 근거해 우랄 산맥~우랄강~카스피해~흑해~터키 의 보스포루스 해협을 기준으로 하는 경계이론을 내놓아, 그것이 오늘날 까지 그대로 적용되고 있다.

피의 성당
제정 러시아의 마지막 황제 니콜라이 2세 일가의 처형지에 세워진 이 성당은, 일명
'로마노프 성당'이라고도 한다. 성당 1층은 처형지와 박물관이고, 2층은 기도소다. '피의
성당'이 자리한 예카테린부르크는 러시아가 시베리아 진출의 전초기지로 삼기 위해
1721년에 건설하였다.

```
01      04 05
02 03   06
```

01 아시아 – 유럽 경계탑
우랄 산맥 아래 자리한 예카테린부르크에는 '아시아'와 '유럽'이라는 러시아 단어가 새겨진 받침돌 위에 20여m쯤 되는 삼각 뾰족철탑이 세워져 있다. 바로 이 경계탑이 아시아와 유럽 두 대륙을 나누는 분계선이다.

02.03 거리표지판과 세르게
경계탑 바로 옆에는, 이곳으로부터 유럽 각지의 거리가 표시된 러시아어 이정판이 세워져 있다. 또한 그 곁에는 여러가지 색깔의 천이 걸쳐진 세르게(오보)가 있다. 나무 밑동에도 이곳을 지나는 여행자들과 관광객들의 기원이 담겨진 천조각들이 매어져 있다.

04.05.06 광물박물관의 보석들
이 세상에 알려진 광석과 광물의 절반 이상이 묻혀 있는 우랄 산맥 인근에 자리한 예카테린부르크는 명실상부한 '광물의 천국'이라 할 만하다. 시내의 광물박물관에는 우랄 산맥에서 산출되는 각종 광물과 보석들이 실물로 전시되어 있다.

모스크바

Moskva

오카강의 지류인 모스크바강 유역에 자리잡고 있는 모스크바는 14~15세기 모스크바공국(公國) 당시 처음으로 수도가 되었고, 다시 러시아제국(帝國)의 수도가 되면서 크게 발전하였다. 지리적으로는 침엽수림대와 활엽수림대의 경계에 위치해 다양한 목재가 생산되며, 인근의 강들과 연결되는 하천수로망(河川水路網)이 잘 정비되어 있어, 수로를 통한 교통이 매우 발달한 도시다. 이러한 자연환경을 반영한 듯, '모스크바'란 말의 어원에 관해서는 '습지' '밀림' '석장들의 성채' '소 건너는 목' 등 여러가지 설이 있다. 평지인 모스크바에서 가장 높은 곳인 '참새산'에 올라가 보면 시내가 한눈에 들어온다. 이 산은 10월혁명 직후 '레닌산'으로 고쳤다가 소비에트가 무너지면서 참새가 많이 모여든다고 해서 붙여진 원래 이름을 되찾았다.

러시아의 대표적인 시인 푸슈킨은 '흰 돌의 모스크바' '둥근 지붕의 모스크바' '금빛 십자가의 모스크바'라는 찬사를 보냈다. 이처럼 희고, 둥

글고, 금빛으로 빛나는 모스크바의 전경은 분명 아름답다. 17세기부터 '모든 아름다운 것'이란 뜻의 슬라브어 '크라시나야'란 이름으로 불리던 '붉은 광장'과 크렘린궁은 모스크바를 상징하는 대표적인 명소다. '성벽'이란 뜻의 크렘린궁에는 러시아에서 가장 오래된 박물관인 국립무기궁전이 있다. 전래의 각종 무기류와 역대 황제들이 대관식 때만 쓰는 '모노마흐 대관모'를 비롯해 화려함의 극치를 이룬 각종 궁전의상과 장식품, 가재도구와 마구류 등이 전시되어 있다. 15세기의 건축물인 성모승천성당(일명 '우스펜스키 성당')과 성모수태성당, 천사성당 등은 그야말로 '성역(聖域)의 파노라마'라고 할 수 있다.

'붉은 광장' 인근에는 예언자 바실리의 이름을 따서 지은 모스크바 경관의 백미라고 할 수 있는 성(聖) 바실리성당이 있다. 모스크바공국의 황제 이반 뇌제(이반 4세)가 1552년 카잔 칸국에게 승리를 거둔 것을 기념해 1560년에 완공한 성당이다. 47.5m 높이의 뾰족지붕을 한 성모출현

크렘린궁과 붉은 광장

크렘린(Kremlin)은 원래 러시아어로 '성벽(城壁)'을 가리키는 말이다. 12세기 모스크바공국을 세운 유리 돌고루키가 목책으로 만든 요새가 크렘린 궁전의 전신인데, 여기에 14세기부터 석조 건축물이 들어서기 시작하였다. 그리고 크렘린궁 앞 광장은 17세기부터 '모든 아름다운 것'이란 뜻의 슬라브어 '크라시나야'란 이름으로 불려왔는데, 러시아어에서 '붉은'이란 의미로 와전되면서 '붉은 광장'이 되었다.

교회를 중심으로 8개의 교회가 주위에 배치되어 있다. 당시 폭군 이반 뇌제는 이 건축물을 설계한 두 러시아 건축가를 불러 칭찬을 한 다음, 즉석에서 다시 또 이런 아름다운 건축물을 짓지 못하도록 그들의 눈을 도려냈다는 끔찍한 일화가 전해온다. 성 바실리 성당은 러시아의 전통적 목조 건축술, 비잔틴과 서유럽의 석조 건축술을 융합하여 만든 가장 러시아다운 상징적인 건축물이다. 문명교류의 꽃을 피운 융합의 발현을 이 성당의 아름다움에서 볼 수 있다.

01 성 바실리 성당

붉은 광장 근처에 우뚝 서 있는 화려한 성 바실리 성당의 건물은 러시아의 전통적인 목조 건축술과 비잔틴 및 서유럽의 석조 건축술을 조화시킨 러시아의 상징적인 건축물로 손꼽힌다. 모스크바공국의 이반 4세가 1552년 카잔 칸국에게 승리한 것을 기념하기 위해 건설을 시작해 8년 만에 완공을 보았다. 폭군 이반 4세는 이 성당을 설계한 두 건축가가 앞으로 다시 또 이런 아름다운 건축물을 짓지 못하도록 두 눈을 도려냈다는 일화가 전해진다.

02 국립 트레치야코프 미술관

상인 출신인 파벨 트레치야코프의 개인 미술품 수장고였던 것을 국립미술관으로 확장한 이 미술관에는, 러시아의 대표적인 사실주의 작품 10만여 점이 소장되어 있다. 1,000여 년의 러시아 미술을 집약한 러시아 4대 미술관의 하나다.

03 **모스크바 대학**

엘리자베타 페트로브나(Elizaveta Petrovna) 여제가 시인·과학자·언어학자·계몽사상가인 미하일 로모노소프의 대학 설립 제안을 받아들여 칙령으로 건설하였다. 1755년에 개교한 러시아의 유서 깊은 종합대학이다. 19세기에는 러시아 문화의 중심부를 이루어 세계적으로 유명한 많은 학자들이 배출되었다.

상트페테르부르크

Saint-Petersburg

초원로의 서쪽 끝을 발트해로 보는 고전적 개념에서 지정학적 및 교통사적 의미를 감안해, 이 바다의 핀란드만에 자리한 상트페테르부르크를 그 거점으로 삼았다. '성스러운 돌의 도시'란 뜻의 이 거점도시는 제정러시아의 표트르 대제가 유럽의 선진문물을 손쉽게 받아들여 러시아의 근대화를 앞당기기 위해 건설하였다. 개펄이라는 불리한 지리적 여건 속에서도 네덜란드의 암스테르담을 모델로 도시 건설에 착수하였으며, 1712년에 제국의 수도를 모스크바에서 이곳으로 옮겨왔다. 모세혈관 같은 운하에 의해 생긴 100여 개의 인공섬 위에 도시가 짜임새 있게 들어앉아 있다. 러시아 근대화의 초석을 놓은 표트르는 신분을 감춘 채 핀란드의 조선소에서 조선술을 2년 동안 공부하고 돌아와, 강가의 자그마한 오두막에서 8년 넘게 기거하면서 수도 건설에 잠심몰두(潛心沒頭)하였다. 시대의 변화에 따라 도시의 이름이 세 번 바뀌고 위상도 달라졌지만, 그

과정에서 '유럽을 향한 창' '북쪽의 베네치아' '물의 도시' '백야의 도시' '혁명의 도시' 등 상징적인 별칭들을 얻게 되었다.

이곳에는 세계 최대를 자랑하는 성 이삭 성당을 비롯해 여러 성당과 요새, 궁전들이 있다. 면적이 45.6km² 밖에 안 되는 부지에 250개의 각종 박물관이 있는데, 한 도시 안에 이렇게 많은 박물관이 밀집되어 있는 것은 세계적으로도 그 유례가 없다. 또한 푸슈킨·도스토예프스키 등 러시아의 여러 대문호들이 활동했던 유서 깊은 곳으로, 도시 곳곳에 그들의 애환이 서린 명소가 있다.

상트페테르부르크의 명소 중 명소라면 단연 에르미타주 박물관이다. 프랑스어로 '은둔하는 곳'이란 뜻에서 유래되었다고 하는 이 박물관은, 세계 3대 박물관의 하나로 그 규모에 관해서는 공식 홍보책자에도 언급이 없다. 그저 추측만이 난무할 뿐이다. '여자의 마음'이란 뜻의 네바강

에르미타주 박물관
네바강 가에 위치한 에르미타주 박물관은 동궁을 비롯해 서로 연결된 다섯 채의 건물로 구성된 하나의 복합구조물이다. 에르미타주는 프랑스어로 '은둔하는 곳'이라는 뜻인데, 왜 그런 이름이 붙여졌는지는 확실치 않다. 이 박물관은 프랑스의 루브르 박물관, 영국의 대영박물관과 함께 세계 3대 박물관의 하나로 손꼽힌다.

가에 자리한 이 박물관은 서로 연결된 다섯 채의 건물, 즉 동궁(冬宮, 겨울궁전)·소(小)에르미타주·구(舊)에르미타주·신(新)에르미타주·에르미타주 극장으로 구성된 하나의 복합구조물이다. 면적 4만 6,000m³의 1,050개 전시실에 전시된 조각·회화·판화·데생 등 작품의 수는 무려 300만 점에 달해, 작품 하나를 1분씩만 감상해도 5년이 걸린다는 통계는 호기심을 자극하기에 충분하다.

01 │ 03 │ 04
02 │
　　 │ 05

01 에르미타주 박물관 내부
금색 기둥으로 장식된 박물관 내부는 화려함이 극치를 이룬다. 이 박물관은 조각 1만 2천 점, 회화 1만 6천 점,
판화와 데생 60만 점 등 총 300만 점에 가까운 소장품을 갖고 있다.

02 에르미타주 박물관의 옛모습
본래는 예카테리나 2세의 전용미술관으로, 그녀가 1764년에 미술품을 수집한 것이 박물관의 기원이 되었다.
초기에는 주로 왕족과 귀족들의 수집품을 모았으나, 19세기 말에는 일반인에게도 개방되면서 박물관으로서
면모를 갖추었다.

03 표트르 대제 동상
시인 푸슈킨이 '유럽을 향한 창'이라고 상트페테르부르크를 극찬한 바 있다. 표트르 대제는 유럽의 문명을
받아들이기 위해 늪지대에 석축을 쌓아 수로를 내고, 운하에 의해 생긴 많은 인공섬 위에 이 도시를
건설하였다.

04 피의 구원 성당
19세기 말 공포정치로 악명 높았던 알렉산드르 2세가 7번의 폭탄 테러 끝에 피를 흘리며 쓰러진 곳에 이
성당을 세웠다. 그의 손자인 니콜라이 2세가 24년이나 걸려 지은 건물이다.

05 상트페테르부르크의 운하
상트페테르부르크는 운하의 도시다. 숱한 운하들이 도심 곳곳에 모세혈관처럼 연결되어 있으며, 운하를
가로지르는 다리만도 365개(교외까지 625개)나 된다.

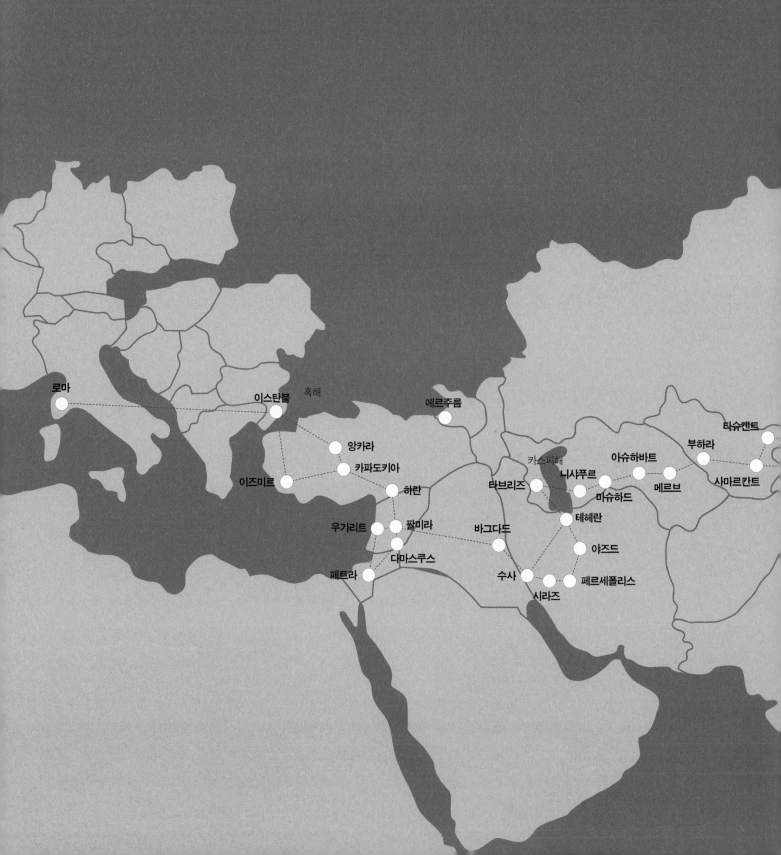

로마

이스탄불

흑해

에르주룸

타슈켄트

앙카라

카스피해

아슈하바트

부하라

카파도키아

니샤푸르

이즈미르

하란

타브리즈

메르브

사마르칸트

미슈하드

우가리트

팔미라

바그다드

테헤란

다마스쿠스

야즈드

페트라

수사

페르세폴리스

시라즈

제3부

사막을 가로지르는 오아시스로

제1장   중국
제2장   중앙아시아
제3장   서아시아

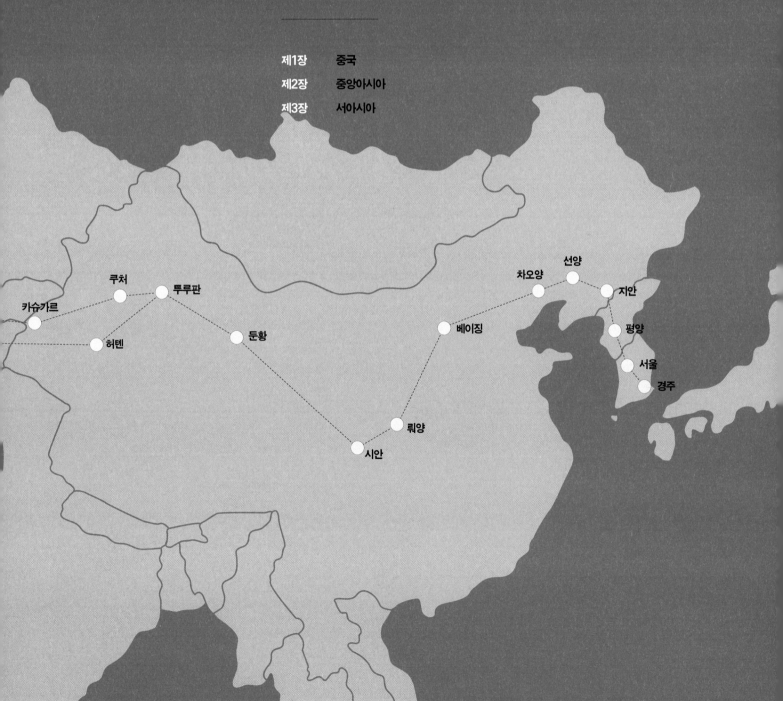

제1장

중국

중국은 기원전 한나라 때 장건의 서역착공을 통해 오아시스로의

동단(東段)을 개척한 이래, 이 길을 동쪽으로는 한반도, 서쪽으로는 중앙아시아로

이어주는 중계자 역할을 하였다. 이 오아시스로를 통해 동서간의 숱한

문명교류가 이루어졌다.

베이징 北京

Beijing

베이징은 삼각형 모양의 화북평야 정점에 자리잡고 있다. 2,000여 년 전부터 중국 동북부 국경지대의 중요한 군사·교역 중심지다. 북쪽으로는 몽골을 비롯한 북방 유목민족들, 동쪽은 한반도, 서쪽은 중앙아시아, 남쪽은 중원의 여러 지방들을 연결하는 십자로 구실을 해왔다. 특히 13세기부터 오늘날에 이르기까지 700여 년 동안 중국 여러 조대의 수도가 되어 동서문명의 융합도시로서의 면모도 갖추었다. 13세기 중엽 몽골제국이 이곳에 '대도(大都)'라는 이름의 수도를 건설할 때는 아랍인에게 도시설계를 총지휘하도록 하여 내성의 사각형 성벽과 12개 문은 중국 전통양식을 따르고, 실내와 주거공간은 몽골이나 중앙아시아 양식대로 지었다. 명대 이후에는 서구인들이 들어와 장춘원(長春園) 같은 바로크식

산하이관(山海關)
'천하제일관'은 만리장성의 동쪽 끝에 자리한 관문으로 현 산하이관을 일컫는다. 예로부터 한중간에 사행(使行)을 통한 외교와 문물교류가 이루어지는 육상 교통로의 관문 역할을 했으며, 군사적 요충지로 쓰이기도 하였다.

궁정 건축물들을 다수 남겨놓았다.

베이징은 일찍부터 실크로드 오아시스로를 한반도에 이어주는 중간 고리 지점으로서 중요한 역할을 담당해왔다. 기원전 전국시대 베이징 근방의 계(薊, 지금의 베이징 서남쪽 대흥현大興縣)에 도읍을 정한 연(燕)나라는 그 길의 동쪽 끝에 해당하는 '명도전로(明刀錢路)'를 통해 한반도와 교역을 했다. 연나라 화폐 명도전이 계로부터 랴오둥 반도를 거쳐 한반도에 이르는 여러 지역에서 출토되었는데, '명도전로'는 그 출토지들을 연결한 최초의 한·중 교역의 육로가 된다. 유주(幽州, 당나라 때의 베이징 이름)는 이 육로의 필수 경유지였다.

01 만리장성(萬里長城)

'인류 최대의 토목공사'라 불리는 이 장성은 서단 자위관(嘉峪關)에서 동단 산하이관(山海關)까지 동서의 길이가 5,000~6,000km에 이른다. 이 거대한 유적은 최초로 중국을 통일한 진(秦)나라(기원전 221~206년) 시황제 때 북방의 흉노족을 방어하기 위해 증축하였고, 명(明)나라(1368~1644년) 때 몽골의 침입을 막기 위해 대대적으로 확장한 것이다.

02 러허(熱河)

베이징 동북쪽 250km 거리에 떨어져 있는 러허는 현재 허베이성(河北省) 북부에 있는 청더(承德)를 일컫는다. 중국 청조 때 황제가 여름에 머무르던 '피서산장'이 있는 곳으로, 조선 후기의 연암 박지원은 사행길에 이곳을 다녀와서 『열하일기(熱河日記)』를 남기기도 하였다.

03 윈강석굴(雲岡石窟)의 대불

중국 4대 석굴의 하나로, 산시성(山西省) 다퉁시(大同市) 서쪽 17km 떨어진 지점인 우저우산(武州山) 남쪽 기슭에 자리하고 있다. 북위(386~534년)시대의 대표적인 유적이다.

04 윈강석굴에 조영된 불상

석굴의 전체 길이는 동서로 약 1km에 이르며 석굴의 총수는 42개다. 이 석굴의 융성기는 486년 전후였는데, 이 무렵의 불상은 중국 고대의 복제(服制)를 모방하였다. 북위불(北魏佛) 또는 육조불(六朝佛)이라 하여, 후대에 하나의 조상 기준이 된 것도 이 무렵의 불상이다.

뤄양 洛陽

Luoyang

뤄양은 장안과 더불어 동서 문명교류의 중요한 역할을 담당해왔다. 대표적인 유적으로는 남쪽 12km 지점에 있는 룽먼석굴(龍門石窟)이다. 둔황의 막고굴(莫高窟), 다퉁(大同)의 윈강석굴, 쿠처의 키질석굴과 더불어 중국 4대 석굴의 하나다. 북위가 다퉁에서 이곳으로 천도할 때부터 굴조하기 시작해 당대(唐代)에 이르기까지 무려 300여 년 동안이나 대대적인 토굴공사가 계속되었다. 남북으로 흐르는 뤄하(洛河)를 사이에 두고 그 양안의 룽먼산과 샹산(香山)의 바위에 동굴 1,352개를 판 뒤 불감(佛龕) 750기, 불상 9만 7,300구, 각종 비석과 제자(題字) 3,600개, 불탑 40여 좌를 조성하였다. 이 석굴은 불교미술의 동쪽으로의 전파와 관

룽먼석굴(龍門石窟)의 대불
높이 17.4m, 귀의 길이만도 1.9m나 되는 수려한 용모에 인자한 미소가 인상적이다. 대불 좌우에 배치된 보살상과 부처상도 불교미술사적 가치로 볼 때 매우 중요한 유적이다.

련해 중요한 의미를 지닌다. 룽먼석굴은 2000년 11월 유네스코 세계문화유산으로 등재되었다.

시안과 더불어 중국 고대의 수도로 각광을 받았던 뤄양에는 고도(古都)답게 룽먼석굴 이외에도 문화유적이 많이 남아 있다. 중국 최초의 불교사원인 백마사(白馬寺)를 비롯하여 톈진교(天津橋)·관린(關林)·뤄양구무(洛陽古墓)박물관·무단(牡丹)공원·백거이묘(白居易墓) 등은 유구한 역사를 간직한 유적들이다. 지리상 서역과 가까운 뤄양은 오랜 옛날부터 서역과 인적 교류도 활발하게 이루어졌는데, 중국 당나라 때의 시인 백거이(百居易)는 타림분지 5대국의 하나인 구자국(龜玆國) 출신

의 후예다.

당(唐) 고종이 발원해서 만든 봉선사동(奉先寺洞)의 비르자나불은 당대 최대의 불상으로, 양편에 여러 불상과 보살상이 조각되어 있다. 암벽이 마치 우뚝 솟은 궐문형상을 하고 있어, 룽먼(龍門)이란 이름이 붙었다고 한다.

01

02

01 룽먼석굴의 불상과 금강역사상
룽먼석굴은 예술성이 높은 정교하고 아름다운
조각으로 유명하다. 금강역사상(金剛力士像)
의 웅장한 규모와 그 크기가 이 석굴의 규모를
미루어 짐작하게 한다.

02 연화동(蓮花洞) 석굴 천장의 연화문
이 석굴에는 불교의 상징인 대형 연꽃이 천장
에 새겨져 있으며, 꽃 주변에는 비천상(飛天
像)이 부조되어 있다. 아름다운 연꽃 부조 때
문에 이 동굴을 '연화동'이라고 부른다.

03
04

03.04 백마사와 백마상

뤄양 동쪽 10km 지점에 있는 중국 최초의 불교사원이다. 후한시대인 서기 68년에 세워진 절이다. 전설에 의하면 한나라 명제(明帝)가 황금으로 된 부처를 꿈꾸고 나서 사신 채음(蔡愔)을 인도에 보냈는데, 이때 가섭마등(迦葉摩騰)·축법란(竺法蘭) 두 승려와 함께 백마에 불경을 싣고 돌아왔다고 한다. 그런 연유로 이 절을 짓고 '백마사'라 하였다. 이 절에는 전설에 나오는 것처럼, 백마사의 상징인 불경을 싣고 온 백마상이 있다.

시안 西安

Xi'an

지금까지의 통념으로는 시안이 실크로드 3대 간선의 하나인 오아시스로의 동단(東端) 기점으로 여겨져왔다. 그러나 사실 시안은 '기점'이 아니라 이 길을 더 동쪽으로 이어지게 한 관문이며, 이 길을 통해 이루어진 동서 문명의 중간 접합지다. 이것이 오아시스로 상에서 시안이 갖춰온 제모습이다.

오늘날의 시안은 중국의 한(漢)나라와 당(唐)나라 때의 수도 '장안'인데, 14세기 말 명(明)나라 때 시안성을 구축하면서, 도시 이름도 '시안'으로 바뀌었다. 세계사에서 유례가 드물게 1,100여 년 동안 11개 왕조의 도읍지로 자리를 굳혀온 고도 시안에는, 오아시스로를 통해 오간 수많은 동서 문물과 우리 선현들의 흔적이 곳곳에 남아 있다. 중국 최대의 '석조문고'라고 하는 비림(碑林)박물관에 소장되어 있는 '대진경교유행중국비(大秦景敎流行中國碑)'(781년 건립)는 고대 기독교의 일파인 네스토리우스파(景敎)의 중국 전파 상황을 전해주고 있다. 시내의 명소마다에 자리한 불교 사찰들은 불교의 중국 전래와 더불어 고대 불교문화의 이모저모를 여실히 보여준다.

시 남쪽 20km 지점에 있는 흥교사(興敎寺)에는 신라 왕손 출신의 고승 원측(圓測, 613~696년)을 기리는 '원측탑'이 세워져 있어 당시 한반도와 불교를 통한 인적 교류가 활발하게 이루어졌음을 실감하게 한다. 바로 옆에 인도를 다녀온 현장(玄奘)의 탑도 서 있어, 원측이 바로 현장으로부터 불학(유식학唯識學)과 역경을 익힌 수제자임을 알 수 있다. 시안 서북쪽 80km 지점에는 당나라 3대 황제 고종과 측천무후의 합장묘인 건릉(乾陵)이 있고, 바로 곁에 고종의 여섯째 아들 이현(李賢)의 묘가 있다. 그 묘실 벽에 그려진 벽화 '예빈도'에 조우관(鳥羽冠)을 쓴 사절이 있어 특히 눈길을 끈다. 조우관, 즉 '새 깃을 꽂은 모자'를 쓴 사절은 신라 사절로 추정되는데, 당시 두 나라 간의 친밀한 관계를 말해준다.

삼장법사 현장과 대안탑
원래 이름은 자은사탑(慈恩寺塔)이다. 당나라의 고승인 삼장법사 현장(玄奘)이 천축(天竺)에서 가져온 불경을 보관하기 위해 652년에 4각형의 누각식 탑을 증축하였다. 그러나 벽돌과 흙으로 쌓은 이 탑이 견고하지 못해 무너지자, 측천무후(則天武后)의 명을 받고 701년에서 704년 사이에 재건하였다. 7층탑으로, 높이는 64m이다.

01 비림(碑林)

북송(北宋) 철종(哲宗) 연간(1090년)에 지어져 현재까지 900여 년의 역사를 지니고 있다. 현재 7개의 대형 진열실과 8개의 회랑, 그리고 8개의 비정(碑亭)에 한대(漢代)부터 청대(淸代)까지 세워진 2,300여 개의 비석을 수장하고 있다.

02.03 대진경교유행중국비

명(明)나라 말기인 1625년에 산시성(陝西省) 시안(西安) 서쪽에 있는 대진사(大秦寺) 유적에서 발굴되었다. 당대(唐代)인 781년에 건립된 것인데, 1,800여 자의 한자와 50여 자의 시리아 문자로 된 비문에는 당대에 대진(大秦, 로마)으로부터 전래된 고대동방기독교인 네스토리우스파(派敎)의 주요 교리와 흥망성쇠이 역사가 기술되어 있다. 위는 비석 탁본이고, 아래는 비석 상부의 실제 모습이다. 현재 이 비석은 비림에 수장되어 있다.

04

05
06

04 진시황 병마용

진시황(기원전 259~210년)의 묘에 딸린 병마용 갱이다. 1974년부터 발굴이 시작된 이 병마용 갱은 현재 1~3호 갱까지 발굴이 완료되었는데, 이곳에서 약 1만 구의 흙으로 구운 무장형 병사를 비롯하여 각종 도기 등이 대거 출토되었다. 세계의 8대 경이 중의 하나로 꼽히기도 하는 이 병마용들은 하나하나가 모두 훌륭한 예술품으로 평가되는데, 당시 진나라의 군사편제·갑옷·무기 등의 연구에도 구체적인 자료를 제공하고 있다.

05 헤이허(黑河) 상의 옥녀담

젊은 시절 인도 순례를 마치고 당나라에 돌아와 머무르면서 금강지(金剛智)와 불공(不空) 등으로부터 밀교(密敎)를 수업한 신라승 혜초(慧超)는, 774년 당나라 황제 대종(代宗)으로부터 기우제를 지내라는 명을 받았다. 저우즈현(周至縣) 헤이허(黑河)의 옥녀담(지금은 수몰)에서 혜초는 단을 설치하고 기우제를 지냈는데, 곧 비가 와서 산천초목이 해갈을 할 수 있었다고 전해진다.

06 신라국고승혜초기념비

1,200여 년 전 아시아인으로서는 최초로 실크로드 해로와 오아시스로를 따라 인도와 서역을 순방하는 대장정을 마치고 당나라 수도 장안에 돌아온 신라승 혜초를 기념하기 위해 2001년 중국 시안의 저우즈현 진펀(金盆) 댐가에 기념비가 세워졌다.

07 흥교사 원측탑

흥교사(興教寺)는 시안 남쪽 20km 지점에 있는 사원으로, 현장법사(玄奘法師, 602~664년)의 유해가 안치되어 있다. 신라 왕손 출신으로 승려가 된 원측(圓測)은 현장법사의 수제자로, 현장법사와 함께 중국 불교의 핵심인 법상종을 일으켰으며 경전 번역에도 큰 업적을 쌓았다. 이러한 업적을 기리기 위해 흥교사 경내에 현장법사의 탑과 나란히 원측탑이 건립되었다.

08 이현묘의 조우관 벽화

당나라 고종(高宗)의 여섯째 아들인 장회태자(章懷太子) 이현(李賢, 654~684년)의 묘 내부 벽화 '예빈도(禮賓圖)'에는 조우관을 쓴 신라 사절이 그려져 있다. 모자의 앞면이 홍색으로 칠해지고 양옆에 새의 깃털이 꽂혀 있어 조우관이라고 하는데, '절풍'이라고도 한다. 신라의 상급 귀족 기마병을 재현한 도제 기마인물상의 귀인도 절풍을 쓰고 있는데, 절풍 끈의 중앙을 잘라 귀가 밖으로 돌출되게 한 것이 이현묘의 벽화 속 신라 사절의 모습에도 그대로 표현되어 있다.

비단의 서전 루트, '오아시스로와 초원로'

비단은 중국에서 오래 전부터 생산되고 수출된 대표적인 교류물품 중의 하나다. 한금(漢錦, 한나라 비단)이나 당금(唐錦, 당나라 비단) 유물은 당시 장안(현재 시안西安)을 중심으로 동은 한반도의 낙랑으로부터, 서는 시리아의 팔미라까지, 북은 잘라이 노르로부터, 남은 장사(長沙)에 이르기까지 유라시아의 광활한 지역에서 두루 출토됨으로써 고대 중국 비단의 종횡무진한 전파상을 확인할 수 있다. 이 발굴 유적들을 연결하면 바로 비단의 전파 루트가 설정되는데, 이 길은 세칭 실크로드(비단길)의 오아시스로나 초원로와 대체로 일치한다.

예컨대 실크로드의 북로인 초원길(스텝로)을 따르는 한금의 서전(西傳) 루트는 장안~양고(陽高)~노인울라 · 오글라크티~파지리크~케르츠로 이어지는 길이다. 실크로드의 중추(中樞)인 오아시스로를 따르는 서전 루트는 장안~둔황에서 남 · 북 루트로 갈라진다. 북방 루트는 고창(高昌, 투루판)~쿠처(고차庫車)~배성~켄콜~사마르칸트~메르브~두라 에우로포스까지, 남방 루트는 누란~니야~박트라~메르브~두라 에우로포스까지의 길이다. 다시 두라 에우로포스에서 북행으로 하트라와 로마로, 남행으로 팔미라로 이어진다.

한금 조각

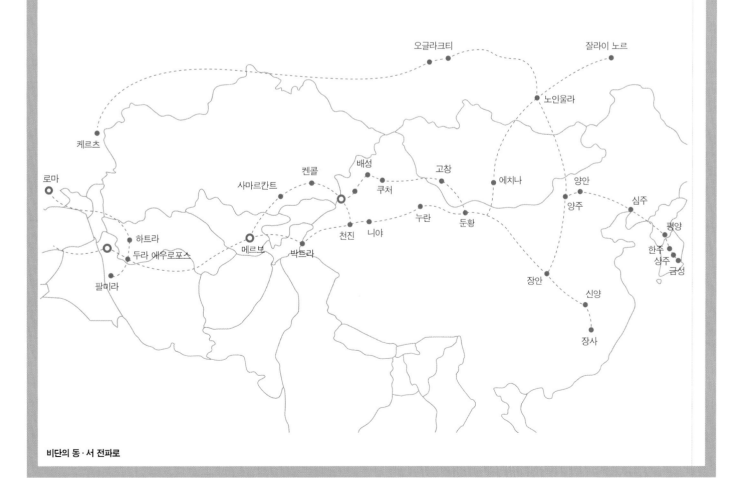

비단의 동 · 서 전파로

둔황 敦煌

Dunhuang

'크게 번성하다'라는 뜻을 지닌 둔황은 동서로 오가는 모든 문물이 꼭 지나가야 하는 오아시스로의 병목이며, 세상의 진귀한 것들이 모여 있는 문명의 보고(寶庫)이자 전시장이다. 모래사막의 백미로 꼽히는 명사산(鳴沙山)과 월아천(月牙川)은 명소 중의 명소다. 그리고 무엇보다 둔황의 명승유적 중 단연 첫째로 꼽을 수 있는 것은 세계문화유산으로 지정된 막고굴이다.

4세기 중엽부터 천여 년 동안 뚫어놓은 막고굴 가운데서 지금 남아 있는 굴은 550여 개다. 그 굴 속에 연면적 약 4,500m^2 크기의 각종 벽화가 있는데, 이 벽화들을 1m 폭으로 나열하면 그 길이가 무려 45km에 달한다고 한다. 특히 3만여 점의 둔황문서를 간직한 장경동(藏經洞)에서는 숱한 경전과 회화 유품들이 발견되었는데, 그 중에서 프랑스의 동양학자 펠리오(P. Pelliot)에 의해 발견된 신라 고승 혜초의 『왕오천축국전』은 불후의 세계적 여행기로 손꼽는다. 당나라 중기 때 조성된 220호굴을 비롯한 몇몇 동굴벽화에는 조우관을 쓴 신라 사신의 모습이 그려져 있으며, 98호 남벽에서는 신명나게 장구를 치는 예인의 모습을 볼 수 있다. 그런가 하면 고구려 벽화에 나타나는 천마상 같은 그리스문화 요소도 이곳 막고굴 벽화에서 발견된다. 이것은 오아시스로의 병목인 둔황을 매개로 한 동서 문명의 교류상을 실증해준다.

막고굴(莫高窟)
막고굴의 상징인 높이 35m의 북대불전(9층누각)이다. 오아시스로의 병목에 있는 둔황에서 동남쪽으로 20km 떨어진 지점에 있으며, 366년부터 개굴하기 시작해 천 년 넘게 지속적으로 조성한 불교유적이다.

장경동(藏經洞)
막고굴 제17굴에서는 많은 불경과 회화·불상들이 나왔는데, 그래서 이 굴을 '장경동'이라고 부른다. 그 중에서 혜초가 723~727년 인도와 주변의 여러 나라를 순례하고 돌아와 쓴 여행기 『왕오천축국전』이 발견되어 현재 파리 국립도서관에 소장되어 있다.

01 명사산 월아천(月牙泉)

명사산(鳴沙山)은 고운 모래산이 40km 정도 길게 이어져 바람이 불면 모래가 춤추며 우는 듯한 소리가 난다고 해서 붙여진 이름이다. 명사산 아래 월아천은 초승달 모양의 호수로서 천여 년 동안 마르지 않았다고 하는 둔황 사막의 작은 오아시스로, 특히 경치가 빼어나다.

02 위먼관(玉門關)

오아시스로 상의 대표적인 관문이다. 한나라 무제(武帝) 때 이광리(李廣利)에 의한 페르가나 원정(기원전 104~103년)이 시작되기 전까지 이 관문은 둔황의 동쪽 교외에 있었다. 그러나 원정 후 둔황의 오아시스가 군사기지로 발전함에 따라 서쪽 교외로 옮겨졌다. 위먼관은 둔황에서 출발하는 오아시스로 북로의 관문이다.

03 양관(陽關)

한나라 서부 방위군이 있던 성곽과 군사시설로, 무제(기원전 114년) 때 건설된 이 관문은 위먼관과 함께 서역으로 통하는 대표적인 관문으로 알려져 있다. 그동안 위먼관처럼 폐허가 되어 있었던 것을 2003년에 현재의 모습으로 복원하였다. 옛날에는 오아시스로 남로의 관문으로, 오가는 대상 행렬이 반드시 이곳에서 신고하고 세금을 낸 연후에 길을 떠났다고 한다. 관문 앞 광장에 서역의 개척자 장건(張騫)의 동상이 서 있다.

04 한나라 장성유적

위먼관 근처에 남아 있는 한대(漢代)에 축조된 만리장성 서단(西端)으로, 장성의 최초 모습을 볼 수 있다. 이 서단에 '위먼관'이 있듯이 만리장성 동단(東端)에는 '산하이관'이 있다.

05 둔황의 상징인 '비파 켜는 처녀상'

막고굴 벽화에서 도안을 따온 '비파 켜는 처녀상'이 둔황시 중심가에 우뚝 서 있다. 아주 발랄하고 활기찬 이 처녀상은 둔황시의 상징이다.

투루판 吐魯番

Turfan

불·모래·바람으로 대변되는 투루판은, 고온·건조·강풍이란 세 가지 불리한 자연환경을 극복하고 '풍요로운 곳'으로 변모한 신비의 땅이다. 그리고 동서의 여러 이질 문명을 받아들여, 이를 녹여낸 '문명의 용광로'이기도 하다. 용광로답게 이 지역에는 178개의 유적지가 산재해 있는데 평균 280km³당 하나씩 있는 셈이다. 이러한 유적 분포 밀도는 세계적으로도 유례를 찾기 힘들다. 불을 뿜는 듯 뜨거운 고온의 날씨는 포도나 면화 같은 특산물을 생산하는 데 최적의 조건이 되었다. 또한 모래바람이 부는 건조한 기후는 '카레즈' 같은 전대미문의 관개시설을 발달시켰으며, 아울러 오랜 기간 동안 유물의 보존을 가능케 하였다.

투루판 최대의 석굴사원은 위구르어로 '아름답게 장식한 집'이란 뜻의 베제클리크다. 이 석굴사원은 목두구(木頭溝) 계곡의 깎아지른 절벽에 자리하고 있는데, 6~13세기 사이에 조성되었다. 이 석굴은 파라미어·서하어·위구르어 등 여러 언어로 쓰인 숱한 불경 사본과 천불도를 소장하고 있다. 이러한 불교문화의 보고이기도 하지만, 무엇보다 베제클리크 석굴의 특징은 마니교의 경전이나 성수(聖樹) 같은 이질문화까지도 아우르고 있는 융합문화 유적이라는 점이다. 석가의 열반을 애도하는 33호굴의 그림 속에는, 화랑모를 쓴 신라의 왕자로 추측되는 인물이 보이기도 한다. 매우 안타까운 일은 이러한 베제클리크 석굴의 유물이 거의 독일을 비롯한 서구 '문명인들'에게 마구 뜯겨간 나머지 지금은 말 그대로 만신창이가 되었다는 사실이다. 지금까지 발굴된 석굴은 모두 83개인데, 그 중 벽화가 일부라도 남아 있는 것은 40여 개뿐이다.

교하고성·고창고성·토욕구 석굴도 모두가 오아시스로를 통한 문명 교류사에서 나름대로 의미를 부여하고 기여를 하는 바가 있지만, 아스타나 고분군이야말로 특기할 만한 유적이다. 이곳에서 중국 신화 속에 인류의 시조로 전해오는 '복희여와도' 그림이 출토되고, 여러가지 언어로 쓰인 6톤이 넘는 2,700여 건의 문서가 발굴되었다.

아스타나 고분군 유적과 '복희여와상'
아스타나 고분군에서 신화 속의 중국인 시조로 전해오는 복희와 여와의 그림(伏羲女媧圖)이 출토되었다. 고분군 유적지에 세운 '복희여와상'은 투루판의 상징물로 여겨진다.

01 교하고성(交河故城)

투루판 시가지에서 서쪽으로 13km 떨어진 곳에 위치한 이 고성은 베틀북 형태의 높이 20m의 섬에 자리하고 있다. 섬을 에워싸고 흐르는 강물을 자연 해자로 한 이 고성은 성벽을 쌓은 것이 아니라, 진흙의 땅속을 파서 요새화하였다. 차사국(車師國)의 소재지였던 것으로 알려졌으며, 불교를 신봉하는 차사인들의 거주 지역으로 현재까지도 52곳의 불교 건축 유적이 남아 있다.

02 화염산(火焰山)

투루판 분지 중앙에는 『서유기(西遊記)』에 등장하는 열사(熱沙)의 상징인 화염산이 있다. 산은 전체적으로 갈색과 짙은 붉은 색을 띠며, 고온 지역으로 유명하다. 여름에 가장 더울 때 온도가 47℃ 가량, 태양이 직접 내리쬐는 곳은 80℃까지 올라간다.

03 소공탑

청나라 건륭제(乾隆帝) 때 투루판의 군왕이 된 애민호자(額敏和卓)를 기리기 위해 세운 이슬람식 탑이다. 1777년 그의 아들 술라이만이 은 7,000냥을 들여 높이 37m, 지름 10m의 흙벽돌 탑과 사원을 세웠다고 한다.

04 포도구

화염산 서쪽에 위치한 포도 주재배 구역이다. 투루판에서 포도를 재배하기 시작한 것은 약 1,000년 전부터였는데, 주민은 대부분 위구르족이며 이슬람 종교를 신봉한다. 이 지역에서 나는 포도는 특히 당도가 높은데, 당도가 20~40%에 달하여 세계 최고를 자랑하는 포도 종류가 있다.

05 카레즈

톈산 산맥의 만년설이 녹아 흐르는 물을 땅속에 굴을 파서 끌어들인 인공 지하수로다. 카레즈는 땅을 파서 물을 통하게 하는 시설이라는 뜻을 지닌 페르시아어 '카나트(qanat)'에서 유래하였는데, 현재 중국에서는 '칸얼징(坎兒井)'이라고도 한다. 투루판에서는 이 지하수로를 이용하여 지상에서 포도농사를 짓는다.

06 베제클리크 석굴

투루판 최대의 석굴사원으로 위구르어의 '아름답게 장식한 집'이라는 의미를 갖고 있다. 6세기 국씨(麴氏) 고창국(高昌國) 시기에 개착하기 시작해서 7세기 당대(唐代) 지배 시기를 거쳐 13세기 원대(元代)까지 지속되었으며, 전성기는 10세기에서 11세기를 전후한 톈산(天山) 위구르왕국 시기이다.

07.08 독일 투르판 탐험대 숙소와 토욕구 석굴 벽화

독일 탐험대의 르 코크(Le Coq)를 위시한 대원들은 이곳 숙소에 머물면서 인근 토욕구 석굴 속의 벽화들을 뜯어갔다. 이로써 그들은 오늘날까지로 일명 '문화재 도굴꾼들'이라는 오명을 벗지 못하고 있다. 토욕구는 위구르어의 '좁다'는 뜻으로, 고창국 시기부터 위구르 시기까지의 불교와 마니교 회화가 보존되어 있다.

쿠처 庫車

Kucha

오아시스로 북도의 중간 요지인 타림분지 북쪽 변경에 자리하고 있는 쿠처는, 키질·스바시·쿰투라 등 석굴로 이름이 난 고장이다. 그 중 키질 석굴은 단연 으뜸이며, 둔황·룽먼·윈강 석굴들과 더불어 중국 4대 석굴의 하나로 꼽힌다.

키질 석굴은 쿠처에서 65km쯤 떨어진 거리에 있는데, 지금까지 확인된 석굴만 236개이고 아직 발굴되지 않은 석굴까지 합치면 300개가 넘을 것으로 추정된다. 3~9세기 사이에 조성된 이 석굴의 벽화는 부처의 본생(本生)이나 교화 등이 핵심 주제다. 그림의 기법은 서역기법을 기본으로 하면서 거기에 중원기법을 가미한 이른바 쿠처풍 기법이다. 많은 굴들 중에서 특히 10호굴에는 중국 조선족 출신 화가로 '중국의 피카소'

라 불리는 한낙연(韓樂然)의 자화상이 대 위에 놓여 있고, 벽에는 그가 직접 작성한 제자(題字)가 새겨져 있다. 일찍부터 둔황 막고굴 벽화를 비롯한 벽화 복원작업에 큰 관심이 있었던 그는, 1946년과 1947년 두 차례나 키질 석굴을 방문해 석굴에 편호를 매기고 제자들과 함께 벽화 복원 작업을 하였다.

쿠처는 혜초와 고선지(高仙芝)의 족적이 남아 있는 곳이기도 하다. 신라 고승 혜초는 인도에 구법(求法)을 갔다가 돌아오는 길에, 당시 안서도호부가 있던 쿠처에 들렀다. 고구려 유민 출신 장군인 고선지는 다섯 차례나 당나라 대군을 이끌고 서역원정을 단행했는데, 패전한 탈라스 전쟁(제5차 서역원정)을 빼고는 쿠처가 바로 그 출발지이자 개선지였다.

스바시 불교 유적

스바시 고성은 쿠처에서 동북 23km 지점의 쿠처강 양안에 자리 잡고 있다. '스바시(蘇巴十)'는 위구르어로 '물의 원천'이란 뜻으로, 톈산 산맥에서 녹아내린 얼음물이 강줄기를 타고 내려와 성 한가운데를 관통하는 데서 비롯되었다. 강을 기준으로 불교 유적은 동부와 서부로 나뉘었는데, 현재는 여러 칸의 승방터와 3개의 탑만이 남아 있다.

쿠처의 민속놀이가 신라에 전해진 것도 특기할 만한 일이다. 9세기의 신라 대문호 최치원(崔致遠)이 저술한 『향약잡영오수 (鄕樂雜詠五首)』에는 신라 때 유행한 다섯 가지 놀이가 소개되는데, 그 중에서 오늘날까지 전승되고 있는 '사자춤'은 바로 쿠처에서 전래된 '산예(狻猊)'라는 민속놀이다.

01 쿠처 고성 표지판
고구려 출신의 당나라 장군 고선지가 서역으로 출정하기 위해 통과한 쿠처 왕궁의
고성 성벽이 오늘날에는 초라하게 그 흔적만 겨우 남아 있다.

02 염수계곡
쿠처에서 키질 석굴로 가는 길에 염수(짠물)계곡이 있다. 원래 바다였는데, 수만년
전 지각 변동으로 융기되면서 육지로 변하였다고 한다. 당시의 바닷물이 말라
소금밭이 되어버린 것이다.

03 키질 석굴
키질은 위구르어로 '붉다'는 의미를 담고 있다. 이 석굴은 쿠처에서 서쪽으로
65km쯤 떨어진 수게트(蘇格特) 계곡, 무잘트(渭干)강 북안, 밍우타커(明屋達格)산
절벽 약 1km에 걸쳐 조성되어 있다. 지금까지 236개가 발굴되었는데, 그중
75곳에서 벽화가 발견되었다. 3세기부터 약 600여 년에 걸쳐 조성되었다.

04 한낙연 초상 및 제자
중국 조선족 출신 화가 한낙연(韓樂然)은 벽화가 부식되어 색채가 바래는 것을
안타깝게 여겨 키질 석굴의 벽화를 모사하였으며, 그 모사품 29점을 포함하여
165점의 뛰어난 유작을 남겼다. 키질 석굴 10호에는 그의 초상과 제자가 소장되어
있다.

허톈 和田

Hotan

오아시스로 남도 상에 위치한 허톈은 예로부터 '옥의 고향'으로 널리 알려져왔다. 쿤룬 산맥에서 발원하는 두 줄기 강 백옥하(白玉河)와 흑옥하(黑玉河)가 실어 나른 각양각색의 옥석이 강바닥에서 채취된다. 이러한 허톈의 옥은 동서 각지로 수출되었으며, 그 첫째 수혜자는 중국인들이었다. 옥의 교역 담당자는 월지인(月氏人)들이었는데, 그래서 그들을 '옥의 민족'이라 불렀다. 또한 그들이 옥의 교역을 위해 오간 길을 '옥의 길'이라고 했다. 월지인들은 옥을 교역하면서 중국의 비단을 가져다 서방에 중개했기 때문에 서방에서는 그들을 '비단의 민족'이라 칭하기도 하였다.

허톈은 중국 비단의 첫 서전지(西傳地)이기도 하다. 원래 중국은 비단을 독점하기 위해 서역이나 유럽에서 양잠법을 알아낼 때까지 잠종(누에고치)의 외지 반출을 국법으로 엄금하였다. 그런데 현장(玄奘)은 『대당서역기』에서 3세기경 중국 공주가 잠종을 모자의 솜 속에 몰래 숨겨서 호탄(Hotan, 현 허톈)으로 밀반출했다는 전설을 전하였다. 누구도 이 전설을 믿으려 하지 않다가 20세기 초 영국의 탐험가 스타인(A. Stein)이 허톈 부근의 단단윌리크(Dandān Uiliq) 불교 유적에서 그 전설의 내용이 담긴 목판화 '견왕녀도(絹王女圖)'를 발견해 그 사실이 입증되었다.

허톈의 옥 채취
허톈은 쿤룬 산맥에서 흘러내리는 백옥하와 흑옥하 사이에 자리한 오아시스 도시로서 예로부터 '옥의 산지'로 유명하다. 강바닥에서 채취된 옥은 월지인들에 의해 중국과 서역 각지로 수출되었다.

01 타클라마칸 사막

허톈은 타클라마칸 사막 남쪽 언저리와 쿤룬 산맥 북쪽에 위치하고 있다. 신장의 타림분지 중앙에 자리한 중국 최대의 사막인 타클라마칸은 동서간 약 1,000km, 남북 간 약 400km로 면적이 약 33만km²에 달한다. 타클라마칸은 '들어가면 나올 수 없는 곳'이라는 뜻을 지니고 있다. 오늘날은 2대 국도가 남북을 관통하고 석유를 비롯한 지하 자원을 개발해 '죽음의 사막'에서 '살아 숨쉬는 사막'으로 변모되어가고 있다.

02.03 수정방과 방풍림

타클라마칸 사막은 세계 2대의 '유동사막(流動沙漠)'으로 모래가 계속 흘러들어오기 때문에 중국은 사막화 방지 사업으로 공로 연변에 4~5km마다 하나씩, 총 180여 개의 우물인 수정방(水井房)을 파 지하수를 끌어올려 방풍림을 조성함으로써 사막화를 막고 있다.

SILK ROAD | SPECIAL CORNER 08

옥의 산지에서 뻗어나간 '옥의 길'

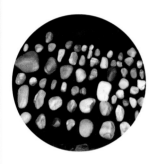

허텐의 백옥하와 흑옥하 강바닥에서는 각양 각색의 옥돌이 채취되는데, 그 중 연옥(軟玉) 은 중국에서도 최고로 친다.

고대나 중세에 있어서의 옥은 주로 연옥을 지칭한다. 허텐(옛날의 호탄Khotan, 우기于闐)의 옥은 바로 연옥으로 광물성 자연옥이다. 그래서 옥의 원산지라고 할 때에는 자연히 허텐 지방 을 가리킨다. 기타 지역에서는 연옥 유물이 아직 발견된 바 없어 허텐이 유일한 발원지로 인정 되고 있다.

이와 같은 사정을 감안할 때 옥의 교류는 의당 원산지인 허텐에서 시작되었다고 이해하면 된다. 그리고 그 파급의 수혜자는 우선 중국이었다. 중국에 언제부터 허텐 지방의 옥이 유입되 었는지는 확실치 않다. 그러나 은·주시대의 묘에서 여러가지 용도의 옥기 유물이 출토된 사 실을 감안하면, 그 시대 이전부터 이미 옥의 교역이 진행되었다고 추단할 수 있다. 이 교역의 담당자는 월지인(月氏人)들이었다. 원래 월지는 간쑤(甘肅)에서 허텐 지방에 이르는 광활한 지대에 자리를 잡고 있던 큰 세력이었다.

월지가 허텐과 중국 간의 옥 교류 역을 전담하다시피 하여 동방에서는 월지를 '옥의 민족' 이라고 불렀으며, 그들에 의해 옥이 오간 길을 '옥의 길(玉道)'이라고 하였다. 이 '옥의 길'은 중 국 시안에서 시작되는 실크로드 오아시스로의 남도(南道, 한대 이후)에 해당하며, 이 길이야 말로 실크로드의 선구였다고 할 수 있다. 월지는 옥을 교역하는 반대급부로 중국으로부터 비 단을 들여와서, 그 이서에 있는 서역의 각 제국에 전파하였다. 그리하여 서방에서는 그들을 '비단의 민족'이라고도 불렀다.

미란
둔황
난주
허텐
덕양
시안

허텐과 중국 간의 '옥의 길'

카슈가르 ^{喀什}

Kashgar

중국 최서부의 오아시스 도시인 카슈가르는 오아시스로의 남·북도가 만나고 갈라지는 길목이다. 예나 지금이나 중국과 서역을 오가는 사람들과 교역물은 이곳을 반드시 통과하게 마련이다. 혜초도 727년경 구법차 인도에 갔다가 돌아오는 길에 이곳(당시 소륵疏勒)에 들러 귀중한 현지 견문록을 남겼다. 7세기 중엽 고선지 장군도 파미르 고원을 넘나드는 서역원정을 단행할 때 이곳에서 전의(戰意)를 가다듬었다. 카슈가르는 자연환경이나 역사의 흐름, 사회문화나 국제관계 등 모든 면에서 신장의 축도(縮圖)로서 신장을 대변한다. 그래서 "카슈가르에 오지 않고는 신장에 왔다고 할 수 없다"라는 말까지 있다.

카슈가르는 이러한 지정학적 위치 때문에 신장에서 서역 문명을 가장 먼저 받아들이고 유포하는 역할을 담당해왔다. 시 북쪽 18km 지점에 자리한 삼선동(三仙洞) 불교 유적에서는 기원전 2세기경의 초기 불상이 발견되었는데, 둔황은 물론 간다라 석굴 미술의 불상보다 앞선 시기의 것이다. 한편 카슈가르는 신장의 이슬람 요람으로 10세기경부터 이슬람 문명이 들어오기 시작했다. 신장위구르자치구에서 규모가 가장 큰 에티갈 마스지드가 있어 '제2의 메카'로 불린다.

카슈가르는 인도·파키스탄·러시아 연방의 국제적 교역 중계지로서, 곡물·목화·생사·과일·가축·피혁제품 등이 이곳에 집산되어 각 지역과 교역이 이루어지고 있다. 특히 하미과는 예로부터 카슈가르의 명품 중의 명품으로 모양이나 맛도 갖가지인데, 그 종류가 무려 26가지나 된다.

에티갈 마스지드
중국 최서단의 오아시스 도시인 카슈가르는 동쪽으로는 타클라마칸 사막, 서쪽으로는 파미르 고원, 남쪽으로는 쿤룬 산맥에 에워싸여 있다. 카슈가르란 위구르어로 '처음으로 창조된'이라는 뜻이다. 이곳에서 가장 큰 이슬람 사원인 에티갈 마스지드는 평일에도 순례자들이 수천 명씩 찾아오는 '이슬람의 메카'로 알려져 있다.

01 아바 호자 묘당

이슬람교 지도자 아바 호자와 그의 가족묘다. 일설에는 '향비묘(香妃墓)'
라고도 하는데, 향비는 이 지역 출신으로 중국 청나라 건륭제(1735～
1795년 재위)의 후궁으로 바쳐졌다. 향비 역시 아바 호자의 몇 대 후손
이므로 일가족 5대 72구의 시신이 묻혀 있는 이 가족묘에 안장되었던 것
이다.

02 당대(唐代)의 모르 불탑

카슈가르 남쪽 30km 지점의 사막 가운데 덩그러니 모르 불탑이 서
있다. 도굴로 인해 황폐화된 상태다.

03 국제무역센터

카슈가르는 타림분지 서쪽에 위치한 오아시스 도시이며, 예로부터 동서
문물의 집산지, 동서교역의 중심지로 번영하였다. 중앙아시아로 나가는
오아시스로의 요지이며 이 길의 북도와 남도가 만나는 카슈가르에는
예로부터 큰 바자르(bazar, 재래시장)가 형성되어 국제교역이
활발하였다. 현재 카슈가르의 국제무역센터가 옛날의 바자르를 대신하고
있다.

제2장

중앙아시아

중앙아시아는 지정학적으로 오아시스로의 중심부에 위치해 동서 문명교류에서

교차로, 집산지 역할을 해오고 있다. 일찍부터 동서양의 수많은 사람들이

오갔으며, 상술에 능한 '호상(胡商)'들의 교역활동이 활발하게 전개되었다.

타슈켄트

Tashkent

본래 '샤시'라고 불리던 이곳이 언제 어떻게 '돌의 도시', 즉 '타슈켄트'로 이름이 바뀌었는지 아무도 명확한 답을 주지 못한다. 딱딱하고 삭막한 돌의 이미지와는 달리, 타슈켄트는 넉넉하고 훈훈한 오아시스 도시다. 물산이 풍족한데다가 오아시스로의 요충지여서, 교통과 교역이 다 같이 발달하였다. 그래서 오늘날 공식적으로는 우즈베키스탄의 수도이지만, 중앙아시아 사람들은 그들 모두의 수도라고 생각한다. 사실 여러 면에서 중앙아시아를 대표하는 명실상부한 대도(大都)의 모습을 보여주고 있다.

1,300여 년의 중앙아시아 이슬람사에서 타슈켄트는 시종 성도(聖都)의 자리를 지켜오고 있다. 시 북쪽에는 바락 칸 마드라사(이슬람 신학

교)를 비롯한 화려한 3대 마드라사가 있다. 구소련 때 이 바락 칸 마드라사에 중앙아시아 이슬람 종교청이 자리하고 있었다. 이 마드라사 맞은편에 있는 주마 사원에는 세계에서 가장 오래된 이슬람 경전 사본인 '오스만 꾸르안'이 소장되어 있다. 또한 중세 한때 전 중앙아시아를 풍미했던 티무르제국의 창건자 티무르의 묘당과 박물관도 방문객을 맞이한다.

수만리 떨어진 이곳에서 한국문화가 꽃피고 있다는 것은 역사의 아이러니가 아닐 수 없다. 1930년대 말 극동 시베리아에서 이곳에 강제로 끌려온 고려인들은 피와 땀으로 이곳의 한냉 건조한 땅을 개간해 벼농사를 짓는 데 성공하였다. 원래 고온 다습한 토질에서만 재배 가능한 벼를 이 생경한 땅에 순화시킨 것은 농업사의 일대 쾌거다. 고려인들은 벼농

타슈켄트의 대바자르
타슈켄트는 우즈베키스탄의 수도이며 중앙아시아 최대 도시다. '돌의 도시'란 뜻의 타슈켄트는 11세기에 일명 '석국(石國)'으로 불리던 곳이다. 옛날 대상이 왕래하던 실크로드의 정취가 남아 있는 구시가지에 대바자르(재래시장)가 자리하고 있는데, 성황을 이루고 있다.

사의 다수확으로 현지인들을 놀라게 했을 뿐만 아니라 김치를 비롯한 한국 전통 음식문화를 중앙아시아 일원에 널리 퍼뜨리고 있다. 그들은 한국문화의 당당한 전도사들이다. 이러한 사실은 타슈켄트 교외에 있는 '김병화 콜호즈(농장)'와 구시가지에 자리한 중앙아시아 2대 바자르(재래시장)의 하나인 초르시 바자르에서 여실히 확인된다.

01 바락 칸 마드라사

1531년 바락 칸의 명령으로 이슬람교 신학을 가르치기 위한 교육기관으로 세워진 후 몇 번의 개축을 거쳤다. 중앙아시아 이슬람교의 본산으로, 건물 외관은 파란색 모자이크로 아름답게 꾸며져 있다.

02.03 오스만 「꾸르안」 정본과 관람객

세계에서 가장 오래된 이슬람교 경전 꾸르안(코란)의 고사본으로 알려진 오스만 꾸르안이다. 646년 이라크 바그다드에서 필사된 4부의 꾸르안 중 하나로 양피지에 기록하였다. 바락 칸 마드라사에 소장된 오스만 꾸르안 정본을 보기 위해 많은 관람자들이 찾아오고 있다.

04 아미르 티무르 박물관

14세기 중앙아시아 최대의 정복자 아미르 티무르 탄생 660주년을 맞이하여 유네스코의 후원으로 1996년 9월 개관하였다. 그는 칭기즈칸의 피를 이어받았다고 하는데, 그래서 박물관 지붕도 몽골풍의 모자를 상징적으로 형상화하였다. 박물관에는 티무르와 티무르제국이 남긴 각종 유물이 전시되어 있다.

05 한반도까지 표시된 실크로드 지도

국립우즈베키스탄 박물관 1층 벽에 그려진 이 지도는, 실크로드가 한반도까지 연결되어 있다는 것을 보여준다. 이를 통하여 과거 한반도와 중앙아시아 간의 소통상을 확인할 수 있다.

06 우즈베키스탄 국립역사박물관 소장 소조불상

테르메즈 인근 파야즈 테파(Fayaz Tepa) 유적에서 출토된 쿠산왕조 시대의 불상으로, 이 지역에 이슬람 문명이 본격적으로 유입되기 이전에는 불교가 성행했음을 알게 해주는 중요한 유물이다.

07   08

09

07   쿠일륙 바자르의 김치 시장
쿠일륙은 '양고기를 판매한다'는 뜻인데, 이 바
자르에서는 고려인들이 김치를 판매하는 모습
을 흔하게 볼 수 있다. 한 현지 여인이 김치를
구매하는 모습에서 김치의 국제화를 실감하게
된다.

08   김병화 박물관
구(舊)소련 시절 정책적으로 고려인들이 연해
주에서 타슈켄트지역으로 이주하였는데, 이들
고려인들 중에서 김병화는 특히 다수확 벼농사
로 유명한 '김병화 집단농장'을 이끌었으며, '영
웅' 칭호를 두 번이나 받았다. 한냉 건조하고 척
박한 중앙아시아 땅에서 벼농사의 성공은 농업
사에서 일대 혁명이다. 박물관에는 고려인들의
고난에 찬 개척 과정을 증언하는 유물들이 전
시되어 있다.

09   시르다리야강
중앙아시아의 젖줄인 시르다리야강은 우즈베
키스탄에 비옥한 옥토를 제공해줄 뿐만 아니
라 식수와 농업용수를 해결해주는 풍부한 수
자원의 보고이기도 하다.

사마르칸트

Samarkand

중세 티무르제국의 수도였던 사마르칸트는 예로부터 오아시스로 상의 중심 도시의 하나로, 동서 문명교류에 있어서 많은 흔적들을 남겨놓았다. 티무르는 멀리 지중해 동안으로부터 이란을 거쳐 오아시스로 상의 사마르칸트와 타슈켄트·탈라스 등을 경유해 몽골에 이르는 동·서 대상로를 정비하고, 또한 대상들의 숙박소와 보호소를 도처에 설치하였다. 이러한 조치는 사마르칸트의 번영과 교류의 활성화로 이어졌다.

티무르 시대의 기념비적 건축물인 비비하눔(Bibi-Khanym) 대사원은 돔의 높이가 50m에 달하는 중앙아시아 최대 규모의 사원이다. 인도·아제르바이잔·호라산·이란·시리아 등 여러 정복지로부터 유능한 공장(工匠)들을 불러오고 특수 자재들을 들여와 세운, 융합문명의 상징적인 건물이다.

사마르칸트 고고학연구소 1층 전시실에는 헬레니즘 시대의 각종 토기와 4세기경의 로만글라스 유물이 전시되어 눈길을 끄는데, 이 유리 유물은 경주 일원에서 출토된 신라시대 유물인 후기 로만글라스와 소재나 기형(器形)에서 매우 흡사하다. 이것은 당시 오아시스로를 통한 사마르칸트와 신라 간에 유리 교류가 이루어졌을 가능성을 시사해준다.

사마르칸트 도심에서 동북 방향으로 10km쯤 되는 곳에 아프라시압 궁전 유적이 있다. 이 궁전에는 7세기 후반 사마르칸트 왕 바르후만(Varhuman)을 알현하는 12명의 외국 사절단 행렬도를 그린 채색 벽화가 있다. 이 벽화 속에 조우관(鳥羽冠)을 쓴 두 명의 사신이 특히 눈에 띄는데, 그 복식이나 패물(佩物), 그리고 당시의 국제정세로 보아 그들은 고구려 사절일 가능성이 크다. 8세기 중반에는 고선지 장군이 이끈 제5차 서정인 탈라스 전쟁에서 패하여 포로가 된 당나라 병사들 중 제지 기술자들이 있어, 그들에 의해 중국의 제지술이 사마르칸트에 전해졌다. 이에 따라 당시로서는 획기적인 이른바 '사마르칸트지'가 생산되었는데, 그것이 점차 오아시스로를 통해 아랍-이슬람 세계로 퍼져나갔다. 12세기 후반에는 이 제지술이 유럽에까지 전파되어 서구의 문명개화에 큰 기여를 하였다.

아프라시압 궁전 벽화의 사신도
1965년에 우즈베키스탄의 사마르칸트에서 발굴된 이 궁전 벽화는 7세기 중반에 그려진 것으로 추정되는데, 벽화의 오른쪽 편에 조우관을 쓴 두 사신의 모습이 보인다.

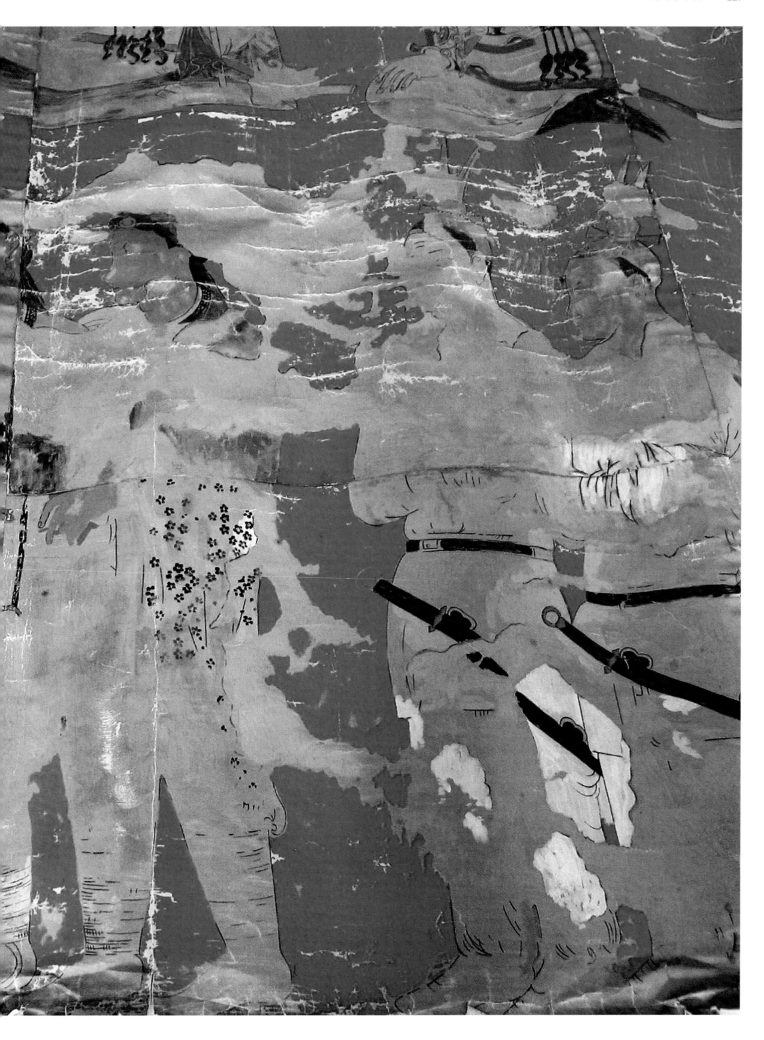

01
02

01.02 아프라시압 궁전 벽화 및 벽화 모사도
아프라시압 박물관에는 실제 벽화와 모사도가 전시되어 있다. 바르후만 왕의 궁전도에는 각국 사절단들의
모습이 다양한 형태로 그려져 있는데, 그 중에서 조우관을 쓴 두 인물이 등장한다. 『위서(魏書)』「고구려전」에
"머리에 절풍건(折風巾)을 쓰는데, 그 모양이 고깔과 같고 두건의 모서리에 새의 깃털을 꽂는다"라는 기록이
있어. 이 벽화의 조우관을 쓴 사신 두 명이 바로 고구려의 사신임을 추측할 수 있다. (사진과 모사도의
동그라미 표시 부분이 고구려 사신임)

03 레기스탄 광장
'모래의 땅'이란 뜻을 가진 레기스탄 광장은 사마르칸트를 대표하는 유적지로 광장을 중심으로 울루그베그
마드라사, 시르도르 마드라사, 티라카리 마드라사가 에워싸고 있다. 이곳에서는 아라베스크를 비롯한 이슬람
미술의 정수를 맛볼 수 있다.

04 울루그베그 천문대
아미르 디무르의 손자로 티무르제국의 황금기를 일궈낸 제4대 군주 울루그베그에 의해 1428~1429년에
걸쳐 건축되었다. 그의 사후 내분에 의해 일부분이 붕괴되었는데, 지금은 천문대의 기본 골격과 6각형
천체관측기의 지하 부분만 남아 있다. 당시 이곳에서는 태양·달·행성의 고도를 정밀하게 측정하고 지구의
위치와 시간을 정하였는데, 이때 측정한 1년은 실제 기간과 1분 정도의 차이밖에 없었다고 한다.

05 이슬람 학자 동상
사마르칸트에서는 전성기 때 수학자, 천문학자, 역사학자 및 예술가들을 우대하고 학문과 예술을 보호·장려했다.
당시의 수도 사마르칸트는 이슬람 학예의 중심지로 번영했는데, 레기스탄 광장의 울루그베그 마드라사에는
이곳 출신 5명의 학자들의 동상이 세워져 있다.

06.07 티무르 영묘와 지하의 실제 관
티무르 영묘 안으로 들어가면 티무르 일가의 관이 놓여 있다. 가운데 관이 티무르의 관이고 그 위쪽은 스승의 관이다. 그리고 좌우로 모하메드 술탄과 아들 샤 루흐의 관, 아래쪽에 손자인 울루그베그의 관이 있다. 그러나 티무르의 실제 관은 같은 위치의 지하 3m 아래에 있다.

08.09 사마르칸트 제지공장
고구려 출신 당나라 장수 고선지가 이끈 제5차 서역 원정인 탈라스 전쟁에서 포로가 된 병사들 중 중국 제지공들이 사마르칸트에 제지술을 전수하였다. 751년 중앙아시아 최초로 종이를 만들었던 사마르칸트에는 지금도 전통적인 옛 기법 그대로 종이를 만드는 제지공장이 있다. 제지공장의 물레방아와, 사마르칸트지의 재료인 뽕나무를 다듬는 모습이다.

SILK ROAD | SPECIAL CORNER 09

문명의 르네상스 시대를 연 '종이의 길'

제지공이 사마르칸트지를 뜨고 있다.

종이는 문명의 전승 수단이며 문화 발달의 척도다. 따라서 종이의 제작과 교류야말로 문명의 르네상스 시대를 여는 획기적인 사건이라고 할 수 있다. 현재 사용되고 있는 종이는 식물성 셀룰로스를 주원료로 하는, 채후지(蔡侯紙)를 말한다. 중국 후한(後漢)의 채륜(蔡倫)이 만들었다고 해서 그런 명칭이 붙은 것인데, 그 제조법이 동·서방으로 전해지면서 오늘날 세계 각국에서 사용하는 종이가 만들어졌다.

사료에 의하면, 제지술은 우선 중국에서 동방으로 전파되었는데, 4세기에 한반도에 알려지고, 한반도를 거쳐 7세기 초 일본에 전파되었다. 제지술의 서방 전파는 동방보다 약간 늦은 8세기 중반에 이루어졌다. 751년 고선지의 제5차 서역원정(탈라스 전쟁) 때 포로가 된 2만 명 당군 가운데는 제지 기술자들이 있었는데, 이들에 의해 서역에 제지기술이 처음으로 알려졌다. 당시 강국(康國)의 수도 사마르칸트에 서역에서는 최초의 제지소가 생겨났으며, 그곳에서 '사마르칸드지'란 이름의 종이가 만들어졌다. 그 이후 제지술은 사마르칸트~바그다드~다마스쿠스~카이로~페스 등 이슬람 문명권을 거쳐 12세기 중엽에는 유럽에까지 알려지게 되었다. 유럽의 경우 스페인~이탈리아~프랑스~독일~오스트리아~스위스~네덜란드~덴마크~스웨덴~영국을 거쳐 미국으로 제지술이 전파되었다. 바로 그 무렵 유럽에서 르네상스가 일어나면서 초지기(抄紙機)가 개발되어, 기계에 의한 종이의 대량 생산이 가능하게 되었다.

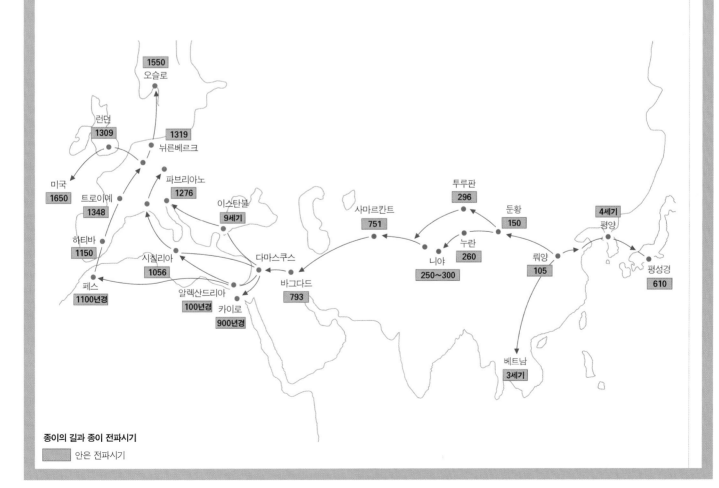

종이의 길과 종이 전파시기

안은 전파시기

부하라

Bukhara

산스크리트어로 '수도원'이란 뜻을 지닌 부하라는, 그 뜻만큼이나 신비하고 오묘한 역사를 지닌 고도다. 2500여 년의 유구한 역사를 자랑하는 이 고도는 도시 전체가 기원전 4세기부터 형성되기 시작하여 상하로 20m의 문화층을 가진 하나의 중층적 유적군을 이루고 있다. 층마다 나름의 역사와 문화를 간직하고 있어, 전체 문화층은 한 권의 '통사책'을 방불케 한다.

부하라는 톈산 산맥 북쪽 기슭의 초원로와 파미르 고원을 넘는 오아시스로 북도가 만나는 교차 지점에 자리하고 있다. 이 두 길은 일단 여기서 만나고 나서 다시 서행으로 키질쿰 사막과 카라쿰 사막을 가로질러 페르시아와 카스피해에 이른다. 이러한 지정학적 위치 때문에 부하라는 동서 문명교류의 교차로 역할을 해왔으며, 교역도시로서의 면모를 갖추었다. 9세기 말엽부터 메르브·사마르칸트·구르간지·히라트 등 주변 오아시스 도시들을 연결하는 교역의 십자로로서 번영을 누렸으며, 중세 이슬람 문명의 산실로 부상하였다. 그 속에서 이슬람 성훈학(聖訓學, 하디스 즉 무함마드의 언행을 연구하는 학문)의 태두인 부하리(al-Bukhārī)와 유럽 의학의 기초를 닦은 이븐 시나(Ibn Sina), '대수학의 아버지'라고 하는 하와리즈미(al-Khawārizmī) 등 기라성 같은 대학자들이 배출되었다. 그런가 하면 건축학적으로 중앙아시아의 현존 최고 이슬람 건물이라고 하는 사마니 묘당도 이 시기(892~943년, 51년간)에 지어졌다. 이 묘당 건물의 구조는 '우주를 상징하는 돔은 둥글게, 땅을 상징하는 바닥은 네모나게'(천원지방天圓地方)라는 신라인들의 우주관을 반영해 지은 경주 석굴암의 구조와 신통하게도 유사한 점이 많다.

사마니 묘당
약 반세기에 걸쳐 건축된 이 묘당은 건축학적으로 중앙아시아에 현존하는 최고의 이슬람 건축물이다. 9세기 말 부하라를 점령한 사마니조(朝)의 이스마일이 자신의 부친을 위해 세운 묘당이지만, 그 자신은 물론 후손까지 묻히면서 사마니 왕족의 무덤이 되었다.

01 샤마니 묘당 내부의 천장
중앙아시아의 기념비적인 건축물인 샤마니 묘당의 구조는 우주를 상징하는 돔은 둥글게, 땅을 상징하는 바닥은 네모나게 한 것이 특징이다. 이는 경주 석굴암에 보이는 돔 모양의 '천원지방(天圓地方) 우주관'과 그 맥을 같이한다고 볼 수 있다. 이 묘당의 특수한 건축기법은 세계 건축학계의 주목을 받고 있다.

02 칼란 미나레트
페르시아어로 '큰 탑'이라는 뜻을 가진 칼란 미나레트는 46m의 높이로 부하라의 상징처럼 도시 가운데 우뚝 서 있다. 칭기즈칸이 이곳을 정복했을 당시 탑을 올려다보다 모자를 떨어뜨려 엉겁결에 허리를 굽혀 줍고 나서, 자신이 고개를 숙인 최초의 탑이라고 해서 무너뜨리지 말라고 명했다는 이야기가 전해진다.

03 아르크 고성
7세기에 처음으로 축성되었으나 몽골과 투르크의 연이은 침략을 받아 붕괴와 재건이 반복되었다. 현재의 모습은 18세기 때 완성된 것으로, 이 고성은 사암으로 축조되었으며 둘레가 780m이다.

04.05 바라 하우즈 마스지드와 나무 기둥
18세기에 지어진 이 건축물은 바로 앞에 있는 아르크 성의 칸이 전용하던 마스지드다. 18세기 당시 이슬람 경축일이 되면 아르크 성에서 양탄자를 깔아 칸이 그 위를 걸어 마스지드까지 왔다고 한다. 바라 하우즈의 나무 기둥에 새겨진 정밀한 조각이 특히 인상적이다.

메르브

Merv

여러가지 면에서 메르브는 이색적인 고도(古都)다. 일반적으로 역대 도읍은 한 곳에서 누적된 역사를 발전시켜 나가는 것이 상례이지만, 기원전 6세기부터 기원후 12세기까지 5대조에 걸쳐 조성된 이곳 도읍은 조대마다 인근에 새로운 터를 잡고 도성을 형성하곤 하였다. 그래서 '떠도는 도시'란 별명이 붙여졌다고 한다. 다양한 시대의 성터가 성벽을 사이에 두고 옹기종기 모여 있으며, 성벽의 이름도 한 가지가 아니라 게오르 카라, 에르크 카라 등 몇 가지가 있다. 그러다 보니 성벽 전체의 길이는 무려 230km에 달한다고 한다.

오늘날의 마리(Mari)에 자리했던 메르브는 중앙아시아와 서아시아를 잇는 오아시스로 상의 요로에 위치해 있어, 이곳을 통해 많은 동서 문물이 교류되었다. 그 흔적이 오늘날까지도 남아 있는데, 그 일례가 바로 불

교 유적이다. 불교 전파사에서 전파의 남단·동단·북단은 기록만이 아닌 유적으로도 밝혀졌지만, 서단(西端)은 아직 미상이다. 여기보다 더 서쪽에 있는 오늘날의 이란에 불찰(佛刹)이 있었다는 기록이나 전언은 있지만, 실제 유적은 발견되지 않고 있어 서단이라고 단언할 수 없다. 그런데 메르브의 게오르 카라 성벽의 서남쪽에서 1955년 불두(佛頭)와 카로슈티어 불경을 넣은 항아리가 발견되었다. 이로써 메르브가 불교 전파의 서단이라고 잠정적으로 결론을 지을 수 있을 것이다.

이곳 마리 박물관에는 이 불두나 항아리 말고도 우리의 것과 매우 흡사한 물레나 맷돌 같은 유물이 전시되어 있다. 이것은 누가 누구를 닮았다기보다는 농경사회라는 공유성에서 오는 문명의 보편성이라고 할 수 있다. 이러한 문명의 보편성은 때로는 그 창조자들 간의 상관성 내지는

키즈 카라 왕궁의 주름 성벽
투르크메니스탄의 마리에서 30km 떨어진 메르브 유적지에 6세기경 흙으로 축조한 높이 15m의 특이한 주름 성벽이 있다. 뜨거운 고장이라서 태양의 복사열을 피하기 위해 이렇게 기발한 주름식 성벽을 쌓았다고 한다.

친연성을 과시하는 경우가 있다. 다른 한 가지 주목을 끄는 것은 경주에서 출토된 4세기 후반의 봉수병(鳳首瓶, 새머리 모양의 물병)과 조형기법이나 크기가 같은 봉수병이 여기에서도 출토되었다는 사실이다. 모두 후기 로만글라스계에 속하는 병으로서, 로마에서 신라까지의 유리 전파 루트를 추적할 수 있는 단서가 포착된 셈이다.

01.02 술탄 산자르 묘당과 내부

메르브는 중세 셀주크조의 수도이며 가장 전성기를 구가한 술탄 산자르(1118~1157년) 시대에는 그 강역이 아제르바이잔까지 이르렀다. 당시에는 수만 권의 장서를 가진 도서관이 8개나 있었으며, 당대 최고 수준의 천문대도 있었다. 술탄 산자르가 죽은 후 12세기에 그의 영묘가 세워졌다.

03 메르브 박물관 소장 불경 항아리
게오르 카라의 성벽 서남쪽에서 1955년 두 차례의 발굴 작업 끝에 불두와 사리탑 외에 카로슈티어 불교 경전이 든 채색 항아리가 발견되기도 하였다.

04 불두가 발견된 유적지
게오르 카라 성벽 서남쪽에서 불두가 발견되었는데, 이곳은 셀주크조 당시의 불교사원지로 짐작된다. 이 불두의 발견으로 이곳은 불교 전파의 서단(西端)이라고 추정할 수 있는 근거가 마련된 셈이다.

아슈하바트

Ashkhabad

'사랑의 거리'라는 뜻의 아슈하바트는 투르크메니스탄의 수도로서 신생 도시지만, 그 주변에는 문명의 요람으로 각광을 받는 유적이 몇 군데 있다. 우선 시 서남쪽으로 15km쯤 떨어진 곳에 헬레니즘의 산실인 니사 (Nisa) 유적이 있다. 니사는 고대 파르티아 왕국(기원전 3세기~기원후 3세기)의 최초 수도다. 주지하다시피, 헬레니즘은 그리스 문화와 오리엔트 문화 간의 건설적인 만남에 의해 이루어진 세계 최초의 융합문화다. 이러한 융합이 이루어진 주무대는 다름아닌 파르티아다. 비유컨대, 그리스 문화라는 '신부'가 파르티아라는 '신랑'에게 시집와서 출산하고 키워낸 것이 바로 헬레니즘이란 '영아(嬰兒)'다. 그래서 헬레니즘을 '유럽과 아시아의 결혼'이라고 표현하기도 한다. 그렇다면 그 산실은 첫 수도였던 니사가 분명하고, 오늘날의 니사 유적은 그 증거일 것이다. 높은 내성과 왕실·홀·수장고·화단(火壇), 그리고 사방 60m의 보물창고 등의

니사 유적지
이 유적지에서 왕궁·신전·포도주 저장소 등 건물터가 발견되고, 포도주병·유리병·각배·
아테네상 등 유물이 다수 출토되어, 이곳이 바로 헬레니즘의 산실이었음을 짐작하게 한다.

유적, 국립박물관에 옮겨진 각종 화려한 각배와 은동제 에로스상·유리
병 등의 전시품은 니사 시대의 헬레니즘 문화를 그대로 보여주고 있다.
이 유물들을 살펴보면 헬레니즘 문화는 어디까지나 오리엔트에서 탄생
한 융합(融合) 문화이지, 결코 제3의 새로운 융화(融化) 문화가 아니다.
오리엔트 문화가 그리스 문화에 일방적으로 흡수되어 생긴 동화(同化)
문화는 더더욱 아니다. 따라서 헬레니즘이 '기본적으로 그리스 문화'라
든가, '그리스화한 세계문화'라는 주장은 한낱 편견으로서 지양되어야
할 것이다. 이것이 니사 유적이 우리에게 주는 깨우침이다.

다음으로 시 동남쪽 약 12km 지점에 아나우(Anau) 유적이 있다. '실크
로드의 바그다드'라 불리는 아나우는 선사시대의 유적으로 유명한 곳이
다. 아나우 유적에서 출토된 유물 중 가장 주목을 끄는 것은 갖가지 문양
의 채도다. 이곳에서 출토된 기원전 5000년경의 채도는 양이나 질은 물

론 기형이나 문양에서도 단연 압권이다. 유라시아 대륙의 동·서 여러 곳
에서 채도 유물이 연이어 발견되면서, 채도문화대의 형성을 통한 '채도의
길'을 모색하게 되었다. 시안의 반포(半坡) 유적과 투루판의 하미, 페르가
나의 나만간, 시리아의 텔 카자르, 터키의 트로이 등 중국에서 터키에 이
르는 '채도의 길'에서 아나우는 그 중간환절 역할을 하였다. 파르티아에
서 꽃핀 헬레니즘 문화의 특징적 공예품인 각배(角杯, Rhyton)는 '풍요의
잔'으로 상징되며, 그것이 한반도에까지 전파되었다. 가야나 신라는 이러
한 잔을 받아들여 여러가지 형태와 크기의 토기로 변용하였던 것이다.

01　**니사 출토 각배**
헬레니즘 시대부터 유행한 각배에는 그리스 신화에 등장하는 다양한 신들이
조각되어 있다. 그리스 신화에서 뿔잔은 '풍요'를 상징하는데, 니사인들은 이 뿔에
다양한 문양을 새겨 각배를 만들었다. 이러한 각배가 가야나 신라 유적지에서도
여러 형태의 토기로 출토되어 당시에 이미 서역과 한반도 간에 문명교류가
이루어졌음을 짐작하게 한다.

02 아나우 유적
'실크로드의 바그다드'로도 불리는 아나우는 기원전 3000년경의 초기 농경문화를 대표하는 다량의 채도가 출토된 곳이다. 1904~1905년 독일의 고고학자 H. 슈미트 등이 발굴한 이 유적에서 출토된 채도는 메소포타미아 문화의 영향을 받아 이루어진 것으로 추측된다.

03.04 아나우 출토 채도와 토기 조각들
주로 농산물 저장용기로 사용되었던 채색도기에는 기하학 문양, 동물 및 인간의 형상이 그려져 있다.

제3장

서아시아

서아시아는 동서문명의 접합지로서 일찍이 그곳에서 개척된

오아시스로('왕의 길')는 서쪽으로 보스포루스 해협을 거쳐 이 길의 서단(西端)인

로마로 이어졌다. 그리고 동쪽으로는 중앙아시아와 동아시아의 사막길과

연결됨으로써 비로소 유라시아를 아우르는 오아시스로가 완성되었다.

마슈하드

Mashhad

투르크메니스탄에서 오아시스로를 통해 코페트다크 산맥을 넘으면, 이란의 동변 관문인 마슈하드에 이른다. '순교의 땅'이란 뜻을 지닌 마슈하드는 행정적으로는 이란 28개 주의 하나인 호라산주의 주도(州都)로서 이란에서는 세번째로 큰 도시이고, 종교적으로는 이슬람 시아파의 3대 성지 중 하나다. 그러나 이 도시는 성지로서 더 유명하며, 시아파 주류인 12이맘파의 제8대 이맘 레자의 금빛 찬란한 묘당이 있다. 이 묘당을 중심으로 무려 75만m²의 부지에 3채의 성인 묘당과 대사원, 3개의 박물관, 중앙도서관과 신학대학 등이 들어선 하나의 복합적 문화도시를 형성하고 있다. 해마다 나라 안팎에서 메카 순례객보다 몇 배나 많은 1,200여

만 명의 순례객들이 모여든다. 그래서 이 복합적 문화도시를 일괄해서 '성역광장(聖域廣場)'(하람)이라고 하며, 마슈하드시 전체를 흔히 '신성한 마슈하드'라고 칭한다.

마슈하드는 동서남북으로 뻗어가는 오아시스로의 십자교차로 상에 있다. 길이란 장삿길만은 아니다. 어찌 보면 수많은 사람들이 밟고 또 밟아서 닦인 길이 최초의 길다운 길일 수가 있다. 더구나 그 길은 회개하고 자숙하는 길이어서, 비록 고행길이지만 마음만은 편안한 길이었을 것이다. 이것이 순례가 길에 주는 메시지일 것이다.

마슈하드 근처인 투스(Tus)에는 이란의 대민족시인 피르다우시

성역광장

전체 너비가 75만m²나 되는 터에 자리 잡은 마슈하드의 성역광장('하람')은 하나의 복합 문화도시를 연상시킨다. 중앙에 있는 레자 묘당을 비롯하여 고하르 샤드 마스지드, 각종 박물관, 도서관과 신학대학 등이 광장 안에 다 자리를 잡고 있기 때문이다. 그 크기나 화려함은 이슬람 세계에서도 보기 드물 정도다. 예로부터 마슈하드는 교통이 사통팔달한 곳이다.

(Firdausī, 935~1020년)의 영묘가 있다. 피르다우시는 신화시대부터 아랍 정복기까지의 이란 역사를 35년 간 무려 6만 편의 시를 써서 민족적 대서사시 『샤나마』(Shah-Nāma, 왕서王書)란 책에 담아냈다.

01   시아파의 축제 행사
많은 군중이 예언자 무함마드(Muhammad)의 딸이자 제4대 칼리파 알리의 아내인 파티마의
탄생일을 기리기 위해 모였다. 시아파는 무엇보다도 이맘(Imam)의 계승을 강조하는 이슬람교의
일파로, 그들이 숭배하는 이맘은 바로 알리와 파티마의 자손을 의미한다.

02   피르다우시 동상
이란 민족의 대서사시 『왕서(王書, 샤나마)』를 쓴 시인 피르다우시는 이란인들의 추앙을 받는 이란의
대민족시인이다. 그는 무려 35년간의 고초 끝에 6만 편의 시를 써서 이 책을 완성하였다.

03   카라반 사라이
사막을 누비는 오아시스로 대상들이 묵던 숙소다. 옛날에는 이러한 숙소가 오아시스로 곳곳에 있어,
대상들의 숙식과 휴식처로 이용되었을 뿐만 아니라, 그들간의 문물 교역소 역할도 하였다.

니샤푸르

Nishāpūr

니샤푸르는 '샤푸르의 도시'란 뜻인데, 이것은 사산조 페르시아의 샤푸르 1세(241~272년 재위)가 이 도시를 건설했다고 해서 붙여진 이름이다. 이란 동북부의 교통 요로에 자리한 오아시스 도시로서 교통이 발달한 풍요로운 고장이다. 한때는 호라산 총독부의 치소(治所)이기도 하였다. 이슬람화가 한창이던 8세기에 이 도시는 '동방의 관문'으로, 당시 명성이 자자했던 스페인의 코르도바와 비견되는 국제적 대도시였다. 이곳은 동·서방 대상(隊商)들의 집결처이자 물산의 교역장이었다.

그동안 외세의 부단한 침입과 몽골 서정군의 파괴, 그리고 거듭된 지진 등으로 인해 번영했던 이 고도는 폐허 속에 파묻히고 말았다. 그러나 고고학적 발굴에 의해 그 옛 보습이 소금씩 드러나고 있다. 9~13세기 유

니샤푸르 가는 길
유헤트 산맥의 서남 기슭에 니샤푸르가 자리하고 있다. 오아시스로의 거점 도시로 동방으로 통하는 관문 역할을 하였다. 니샤푸르는 13세기 초 몽골군의 침입과 대지진으로 폐허가 되었다. 1936년 그 폐허에서 9~13세기의 건축물과 도요지 등이 발굴되었다.

적에서는 다수의 건축물과 도요지(陶窯地)가 발굴되었는데, 특히 '니샤푸르 도기'는 전기 이슬람 도기사(陶器史)를 빛낼 만큼 유명하다. 유적에서는 다량의 중국 도자기 파편과 로만글라스계 유리그릇이 출토되었다. 이것은 니샤푸르가 동·서방 여러 곳과 활발한 교역을 진행하고 있었음을 말해준다. 그밖에도 6km²의 시가를 에워쌌던 성벽 잔해와 이슬람 신학교(마드라사), 사원(마스지드), 도서관 등 유적들이 적잖게 발굴되었다.

니샤푸르는 720여 년 경 신라 고승 혜초가 단행한 서역기행의 서단(西端)으로 추정된다. 그가 토화라(吐火羅, 현 아프가니스탄)에서 설정한 서행(西行)의 방위나 소요 노정과 지세, 그리고 현지 상황에 관한 정확

한 기록 등을 감안한다면, 이곳을 기행의 서단으로 잡는 데 큰 무리가 없어 보인다. 당시로서는 동양의 그 누구도 닿아보지 못한 이곳에 다녀와서 혜초는 귀중한 현지 견문록을 남겼다.

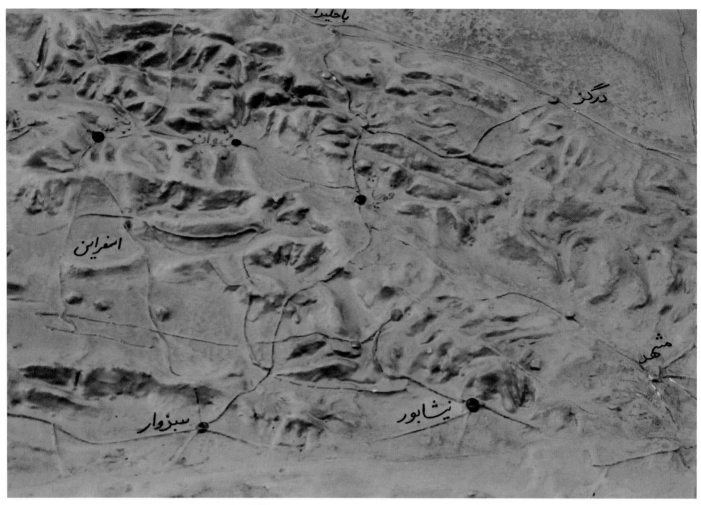

01 니샤푸르의 지형도
공중에서 촬영한 니샤푸르의 지형도에는 □니샤푸르, △마슈하르 등으로 유적지가 표시되어 있다.(이란국립역사박물관 소장)

02 오마르 하이얌 영묘
오마르 하이얌(Omar Khayyám)은 11세기 페르시아 시인·천문학자·수학자로 16세기에 나온 그레고리 달력보다 더 정확한 달력을 만들었다. 그의 저서로는 사행시집 『르바이야트』가 있다.

03 아타르 영묘
니샤푸르 출신인 아타르(ʻAttár)는 12세기 신비주의 시인으로 이란인들의 추앙을 받고 있다.

혜초의
서역 기행 노선

세계 4대 여행기의 하나라고 할 수 있는 「왕오천축국전(往五天竺國傳)」은 중국 둔황의 막고굴 장경동에서 그 잔권이 발견된 지 7년 후(1915년)에야 저자가 신라승 혜초(慧超)임이 밝혀졌다. 현존 「왕오천축국전」은 필사본(현재 파리국립도서관 소장)으로 총 230행(매행 27~30자)에 약 6,000자밖에 안 되는 절략본 잔간이다. 혜초는 이 여행기에서 그가 인도뿐 아니라, 중앙아시아와 서아시아의 여러 나라들을 편람하면서 직접 보고 들은 각국의 역사 · 문화 · 정치 · 풍속 · 물산 · 종교 등을 사실적으로 기술하고 있다. 이 여행기는 8세기의 이 지역에 관련된 서적으로는 그 내용의 다양성과 정확도에서 단연 으뜸가는 명저로 평가받고 있다. 혜초는 이 여행기에서 사상 최초로 아랍을 대식(大寔, 大食)이라 명명하였고, 한자(漢字)문명권에서는 처음으로 대식 현지에서의 견문을 여행기에 담아 전함으로써 한자문명권과 아랍-이슬람 문명권 간의 상호 이해와 교류를 도모하는 데 선구자적 역할을 하였다. 혜초의 도축 순례는 중국 광저우에서 출발하여 해로로 동남아시아를 지나 동천축에 상륙했으며, 거기서 육로로 중천축 · 서천축 · 남천축 · 북천축을 두루 거친 후 페르시아(현 이란)의 동북부까지 갔다가 귀로에 올랐다. 「왕오천축국전」의 기록을 통해 보면 그의 노정은 당시 서역의 니샤푸르까지 이어졌을 것으로 추측된다. 그리고 실크로드 오아시스로를 따라 귀로에 올라 당시 당나라 수도 장안에 도착하였다.

혜초는 밀교(密敎)의 선도자로 불교 발전에도 불멸의 기여를 하였다. 그는 어려서 당나라로 건너가 중국 밀교의 시조 금강지(金剛智)를 스승으로 삼았으며, 그의 권유에 따라 도축구법 순례를 하였다. 당나라에 돌아온 후 혜초는 장안의 천복사(薦福寺)와 대흥선사(大興善寺), 그리고 만년에는 오대산(五臺山)의 건원보리사(乾元菩提寺)에서 밀교 경전을 연구하고 필수(筆受) · 한역(漢譯)하였다. 그는 밀교의 제2대조인 불공삼장(不空三藏)의 6대 제자 중 제2인자로 밀교 전도에 일생을 바쳤다. 혜초는 밀교 경전의 한역과 주석에 진력하다가 787년경 건원보리사에서 입적하였다.

신라 고승 혜초가 쓴 『왕오천축국전』에는 파사(지금의 이란)와 대식(아랍)에 관한 기록이 나오는데, 이를 통하여 그가 니샤푸르까지 다녀갔을 가능성을 유추해볼 수 있다. 즉, 니샤푸르는 혜초의 서역 역방 서단(西端)일 가능성이 높다.

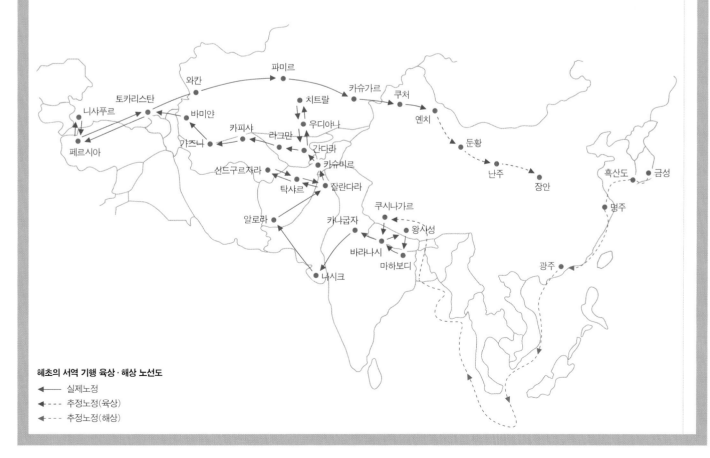

혜초의 서역 기행 육상 · 해상 노선도

⟵ 실제노정
◀--- 추정노정(육상)
◀--- 추정노정(해상)

페르세폴리스

Persepolis

중동 최대의 왕궁 유적 페르세폴리스의 웅대함을 보고 놀라지 않는 사람이 없다. 그만큼 규모가 크고 유적과 유물의 내용이 풍부하다. 옛날 그리스인들이 제멋대로 '페르시아의 도시'란 뜻에서 '페르세폴리스'란 그리스어 이름을 붙였지만, 자존심이 강한 이란인들은 페르시아어로 '타흐트 잠쉬드'(Takht-e Jamshid)라고 불러왔다. '타흐트'는 '왕좌'란 뜻이고, '잠쉬드'는 페르시아 전설 속의 왕 이름이다. 이 왕궁은 다리우스 1세 때인 기원전 518년에 짓기 시작해 5대인 그의 손자 때(기원전 469년경)에 완성했으니, 건설 기간만 약 60년이 걸린 셈이다. 총 면적이 무려 12만 8,000m²(460×280m)나 된다. 60년치고는 실로 어마어마한 결과물이다. 이 거대한 왕도는 기원전 330년 알렉산드로스의 동정군(東征軍)이 지른 불로 하룻밤 사이에 잿더미로 변하고 말았다. 영존(永存)을 꿈꾸던 철옹성도 불과 180여 년 만에 역사의 뒤안길로 사라졌다.

그후 장장 2,260년 동안이나 폐허 속에 파묻혀 있다가 1930년대 초에

페르세폴리스 유적지
라흐마트산에서 내려다 본 유적지의 전경이다. 그 엄청난 규모가 한눈에 안겨온다. 이렇게
완만한 경사지에 대지를 만들어 계단식 건물을 짓는 것은 바빌로니아식 건축법이다.

비로소 그 영화(榮華)가 유물로 재현되기 시작하였다. 입구의 111개 계단을 밟고 올라가면 '만국(萬國)의 문'이 나타나는데, 높이 10m 가량의 원주만 남은 문 양편에 돌로 만든 목우상(牧牛像)과 사람의 얼굴에 날개 돋친 짐승 몸뚱이를 한 유익인면수신상(有翼人面獸身像)이 참관객을 맞는다. 대표적 유적의 하나인 아파다나 궁전(Apadana Palace)에는 동서남북 출입문이 각각 나 있는데, 북측과 동측에 독특한 미술사적 가치를 지닌 조공자행렬도(朝貢者行列圖)와 동물투쟁도가 돋을새김으로 형상화되어 있다. 23개국 조공자들의 옷차림은 각양각색이고 조공품도 저마다 다르다. 조공하는 스키타이인들이 쓰고 있는 고깔형 모자도 보이는데, 이는 한국인의 옛날 조상이 쓰던 절풍건(折風巾)과 신통하게도 닮은꼴이다. 그리고 동물들의 투쟁하는 모습을 그린 벽화는 동서미술에서 자주 등장하는 모티브인데, 미술사가들은 특히 사실적 동물투쟁도의 원형을 바로 이 궁전의 동물투쟁도에서 찾기도 한다. 고구려 벽화에서

뱀이 거북을 감고 있는 형상의 현무도는 이 궁전에 새겨져 있는 사자와 목우의 투쟁도에서 그 발상원(發想源)을 찾을 법도 하다.

역사적으로 볼 때 아케메네스조 페르시아는 유라시아 중심부에 우뚝 섰던 최초의 세계적 통일제국이었다. 제국은 대대로 문화적 절충주의와 포용성을 추구해, 당시로서는 가장 뛰어난 문명요소들을 적극 섭취하고 창의적으로 조화시켜 소중한 인류공동 유산을 창출하였다. 왕도 페르세폴리스는 명실상부한 '문명의 모임터'로서, 그 여파가 실크로드를 타고 멀리 동방의 한반도에까지 미쳤다는 것은 문명의 교류가 보여주는 파급력의 효과라고 할 수 있다.

01 '만국의 문'

페르세폴리스 궁전 입구에는 '만국의 문'이 있는데, 그 양편에 사람의 얼굴과 짐승의 몸을
한 인면수신상이 지키고 있다. 이러한 수인(獸人)상은 아시리아에서 영향을 받은 것이다.

02 동물투쟁도

아파다나 궁전의 동측 출입문에는 사자가 목우를 습격하는 동물투쟁도가 돋을새김되어 있
다. 동물투쟁도는 동서미술에 자주 등장하는 모티브인데, 사실적 동물투쟁도의 원형을 이
궁전의 동물투쟁도에서 찾기도 한다.

03 조공자행렬도

아파다나 궁전의 북측 출입문에는 조공자행렬도가 돋을새김되어 있다. 23개국 조공자(사
신)들 중에서 눈길을 끈 것은 스키타이인들이 쓰고 있는 고깔형 모자인데, 한국의 옛 조상
들이 써오던 절풍건과 흡사한 모습이다.

04 낙쉐로스탐 암굴묘

낙쉐로스탐에 있는 페르시아 제왕들의 암굴묘다. 최초의 세계적 통일제국인 아케메네스 왕조 제왕 4명의 무덤으로 십자형의 얼개가 특징이다.

05 기마전승도

암벽에 부조된 기마전승도는 페르시아 사산조의 샤푸르 1세가 로마 발레리아누스 황제에게 거둔 승리를 묘사하고 있다.

06 조로아스터교 최고신

석조물에 부조된 조로아스터교 최고신을 상징하는 '아후라 마즈다'는 한 손에 원반을 쥐고 있고, 허리 아래 좌우로 날개가 달려 있다. 아후라는 '주(主)'라는 칭호이고, 마즈다는 '지혜'를 의미한다.

야즈드

Yazd

인류 최초의 계시종교인 조로아스터교(일명 마즈드교)의 본향이자 성지인 야즈드는 고풍이 물씬 풍기는 사막의 도시다. 조로아스터교의 대표적 성소인 아테슈카데(불의 집) 사원이 이 도시에 있는데, 그 안에는 지금까지 1540년 동안이나 꺼지지 않고 타고 있는 불이 있다. 2,500여 년의 긴 역사를 자랑하는 조로아스터교의 끈질긴 생명력을 보여준다. 이 종교에서 불은 선신(善神)의 상징으로서 불을 통해 신의 본성을 깨달을 수 있다고 믿을 뿐, 불 자체를 숭배하는 것은 아니다. 따라서 불을 숭배하는 종교인 양 '배화교(拜火敎)'로 한역(漢譯)하는 것은 착오다.

그리고 시 남쪽 변두리 사막의 나지막한 언덕에 흙모래산 두 개가 나란히 있는데, 이곳이 이른바 '침묵의 탑'으로 조로아스터교 남녀 신도의 조장(鳥葬)터였다. 인간의 영혼을 하늘로 운반하는 영물로 간주해 새에게 시신을 맡기는 것이다. 이란에서는 전근대적 매장법이란 이유로 70여

년 전에 조장을 법으로 금지하였다.

아테슈카데 사원의 정문 상단에는 '지혜의 신' 아후라 마즈다를 상징하는 날개 펼친 새 모양의 문장이 새겨져 있고, 그 좌우 및 아래에 페르시아어로 '바른 생각, 바른 행동, 바른 말'이라는 3대 준칙이 횡서로 쓰여 있다. 이것이 조로아스터교 신자들의 생활준칙이라면, 이 종교의 근본이념은 이원론적인 유일신관이다. 즉 선과 밝음을 상징하는 선신 아후라 마즈다와 악과 어둠을 상징하는 악신(惡神) 아리만 간의 경쟁과 투쟁을 통해, 결국은 선이 악을 이겨 아후라 마즈다가 유일신이 되어 우주를 통괄한다는 것이다. 이러한 준칙과 이념에 매료된 철학자 니체는 조로아스터를 자신의 이성적 분신으로 간주하고, 그를 대지의 주인이며 인류의 미래를 이끌어갈 지도자로 추앙하였다.

조로아스터교는 발상지 페르시아에서 기원전 6세기부터 기원후 7세기

침묵의 탑
야즈드시 남쪽 사막 지대에 있는 조로아스터교의 조장터다. 이 '침묵의 탑'에 조로아스터교 신도들의 시신을 가져다놓으면 새들이 그 살을 쪼아먹는다고 한다. 오늘날에는 조장이 금지되어 그 터만 폐허로 남아 있다.

중엽까지 1,000여 년 동안 성세를 누리다가 동전(東傳)한 이슬람교에게 잠식되었다. 신도 중 일부는 이슬람교로 개종하고, 일부는 인도를 비롯한 주변지역으로 이주했으며, 그 여파가 중국까지 미쳤다.

야즈드에서 서남쪽으로 40km쯤 가면 석류(石榴)의 원산지인 '시르쿠흐(사자산)'가 나타난다. 일찍부터 '생명의 과일' '지혜의 과일'로 알려진 석류는 중앙아시아와 중국을 거쳐 8세기경에 한반도에 전래되어, 식품으로는 물론, 다산(多産)의 상징인 복식무늬로 쓰이기도 하였다.

01 아테슈카데 사원
'아테슈카데'란 '불을 모시는 곳'이란 뜻으로, 조로아스터교에서 불은 선신(善神)의 상징 중 하나일 뿐, 불 자체를 숭배하는 것은 아니다.

02 사원 내의 불꽃
불을 선신시하는 조로아스터교 사원에서는 꺼지지 않는 불꽃이 피워져 있다.

03 조로아스터 초상화
아테슈카데 사원 벽에는 성화기법으로 그려진 창시자 조로아스터의 초상화가 걸려 있다.

04 석류 상징 대형 조형물
석류의 원산지는 야즈드에서 가까운 시르쿠흐 (사자산)로 알려져 있다. 그래서 산기슭에는 석류의 원산지임을 알리는 대형 석류 조형물이 세워져 있다. 석류는 한반도에까지 전해진 '생명의 과일'로 알려졌다.

이스파한

'이란의 진주', '세계의 절반'이란 명성에 걸맞게 이스파한은 볼거리로 가득 차 있다. 또한 그 어느 것도 오아시스로나, 그 길을 통한 교류와 무관하지 않다. 방문객의 첫 발길은 자연스레 시 중심에 있는 이맘 광장으로 옮겨진다. 이란인들이 '세계의 그림(낙쉐 자한)' '열린 박물관'이라고 즐겨 부르는 이 광장은 16세기에 지은 것인데, 규모도 규모거니와 화려함이 극치에 달한다. 왕의 영빈궁으로 쓰던 높이 15m의 테라스에 올라가면 광장 내의 구조물이 한눈에 들어온다. 남북 길이 512m, 동서 폭 163m의 긴 네모꼴 폴로 경기장이 펼쳐지고, 오른쪽(남쪽)에는 이맘 사원과 자미아 사원이, 맞은편(동쪽)에는 샤이흐 로트폴라 사원이, 그리고 왼쪽(북쪽)에는 바자르(재래시장)가 배치되어 있다. 건물의 기둥과 벽은 하나같이 영롱한 색깔과 무늬의 아라베스크로 장식되어 있다. 한마디로 페르시아 조형미술의 진수를 집대성한 파노라마의 현장이다.

3~4세기에 페르시아에서 기원해 이 광장에서 연마된 폴로 경기는 서쪽으로 콘스탄티노플을 거쳐 유럽에 전해졌으며, 동쪽으로는 '격구(擊

毬)'라는 이름으로 중국을 통해 한반도에 파급되어서 일종의 무예로 각광을 받았다. 고려 초 의종(毅宗)은 격구의 명수였으며, 조선조 세종(世宗)은 이 무예의 보급을 위해 격구장 30개를 하사하기도 하였다. 『경국대전』에는 경기장 규모라든가 경기 방법까지 구체적으로 규정하였다.

아르메니아인들이 모여 사는 줄파 지구의 반크 교회 안에 자그마한 박물관이 있는데, 진열장에 '이란의 구텐베르크'라 불리는 가차투르 바르다페트(Khachatour Vardapet, 1590~1646년)가 제작했다고 하는 금속활자 인쇄기 한 대와 여러 개의 금속활자가 전시되어 있다. 설명문에는 '신형 줄파 인쇄기에 사용된 금속활자(1646년)'라고 쓰여 있다. 한국은 세계에서 금속활자를 가장 먼저 만든 나라이며, 독일의 구텐베르크 금속활자는 200여 년이나 뒤졌다. 이 이란의 금속활자는 독일의 금속활자보다도 더 늦은 시기의 것이다. 이렇게 보면 중간환절로서의 이란의 금속활자와 한국 금속활자 간의 상관성이나 영향 관계가 주목된다.

이스파한에서 가장 오래된 자미아 사원의 천장 꾸밈새에서 고구려의

이맘 광장
16세기 압바스 1세 때 조성한 광장으로, 이란인들은 낙쉐 자한(세계의 그림)'이라 부른다. 이 광장은 페르시아의 고대 정원의 축도로, 그 모습을 잘 나타내고 있다. 이 광장에서 폴로 경기가 진행되었다.

천장 꾸밈새와 같은 형의 귀접이식 천장(일명 말각조정抹角藻井)이 발견된다. 이러한 천장 양식은 고대 메소포타미아에서 생겨난 후 그리스에서 유행하다가 서아시아와 중앙아시아(파키스탄의 훈자에서 발견)를 거쳐 고구려까지 동전(東傳)된 것으로 보고 있다. 중국도 이 양식을 도입했으나 극히 형식적이고, 일본은 도입한 예가 없다.

이스파한의 명승으로는 자그로스 산맥에서 흘러내려 도시를 남북으로 관류하는 자얀데강과 그 위에 놓여 있는 '시오세폴(33다리)'을 비롯한 11개의 크고 작은 다리가 있다. 그러나 명승도 물이 차 있을 때의 이야기이고, 지금은 고갈되는 경우가 다반사라고 한다.

01 폴로 경기장
지금은 골대만 남아 있지만, 예전에 이 이맘 광장에서는 폴로 경기가 열렸다. '폴로'는 페르시아에서 한반도에까지 전해져 고려 때부터 조선시대까지 무사들이 무예를 닦는 '격구(擊毬)'라는 격한 경기로 각광을 받았다.

02 이맘 사원의 천장
타일공예로 치장되어 있으며, 페르시아 건축예술의 백미로 불린다. 이 사원은 음향의 확산을 위해 높이 54m의 외측과 38m의 내측이 이중 돔으로 이뤄져 있다.

03 체헬스툰 궁전
원래는 20개의 기둥으로 된 궁전인데, 건물이 연못의 수면에 비춰져 40개 기둥으로 보인다는 건축물이다. 1647년 영빈관으로 건축되었다.

04 체헬스툰 궁전 내부의 세밀화
궁전 벽면에 새겨진 호화로운 세밀화는 페르시아의 대표적인 회화라고 할 수 있다. 그림은 외국 왕을 위한 연회 장면인데, 이 궁전 벽에는 전쟁 장면 등 다양한 세밀화들이 그려져 있어 눈길을 사로잡는다.

05 반크 교회 내부

줄파 지구에 위치한 유명한 교회로, 사파비 왕조 압바스 2세 때 지어졌다. 예수의 일생을 비롯해 다양한 성화가 벽면을 화려하게 수놓고 있다.

06.07 인쇄기와 금속활자

반크 교회 소속 박물관에 소장되어 있는 가차투르의 금속활자 인쇄기와 금속활자 주형으로, '신형 줄파 인쇄기에 사용된 금속활자(1646년)'란 안내문이 붙어 있다. 한국의 금속활자는 이보다 무려 400년 이상 빠르고, 독일의 구텐베르크 활자보다도 200년이나 앞선 1234년에 주조되었다.

08 시오세폴 다리

시오세가 33개라는 뜻으로, 다리 위의 33개작은 아치에서 비롯된 이름이다. 1602년에 건설된 길이 300m의 이 다리는 자얀데강의 명물이다.

테헤란

Tehran

현재 이란의 수도로서 엘부르즈 산맥의 남록에 위치하고 있는데, 12세기에 축조된 성곽의 잔해가 남아 있다. 옛날에는 테헤란의 남부 근교에 있는 라이(Raii)가 중심 도성으로서 동서 교통의 중추적 역할을 하였고, 그런 이유로 이곳에 많은 대상들이 모여들었다. 수도로서의 테헤란 역사는 200여 년밖에 안 되지만, 인간의 거주 역사는 신석기시대로 거슬러올라가며, 도시로서의 면모는 13세기 전반부터 갖춰지기 시작했다. 몽골군이 서남쪽 8km 지점에 있는 셀주크조 수도 레이를 파괴하자, 복원 대안으로 테헤란이 떠올랐던 것이다. 그후 여러 왕조를 거치면서 테헤란은 날로 발전해나갔다. 특히 북방계의 카자르 왕조(Qajar Dynasty, 1780~1920년)가 수도를 남부의 시라즈에서 이곳으로 옮기면서부터 테헤란은 이란 역사무대의 심장부로 부상하였다.

20세기에 들어와서 주변 강대국들의 간섭과 제1차 세계대전의 전화(戰火)를 겪으면서 현대화에 눈을 뜨기 시작하였다. 1925년 테헤란을 수도로 한 팔레비 왕조의 출범은 그 신호탄이었다. 20세기 초 중동에서는 맨 먼저 석유를 캐내 그 재원으로 각 방면에 걸친 현대화에 박차를 가함으로써 부국으로 급부상하였다. 급기야 국명도 '이란'으로 바꾸면서 탈(脫) 페르시아를 표방하였다.

그러나 이 급조된 현대화는 조화를 무시한 채 서방 일변도로 치달았다. 결국 전통과의 갈등이 심화되었을 뿐만 아니라 현대화도 제대로 이루어지지 못하였다. 그런 가운데 1979년 이슬람혁명이 폭발해 친(親)서방 팔레비 왕조를 축출하였다. 혁명 후 신정일치(神政一致)의 정치체제로 전통과 현대의 갈등을 조정해보려고 시도하지만 여의치는 않다.

'테헤란의 서울 거리'(3km)와 '서울의 테헤란 거리'(4km)가 상징하듯, 두 나라 간에는 오랜 전통에 바탕을 둔 물적 및 인적 교류가 진행되고 있다.

유리박물관의 각종 유물
테헤란 시내의 유리 세라믹 박물관에는 각종 유리와 세라믹으로 만든 화려한 유물들이 전시되어 있다. 특히 유물들 가운데 신라 고분에서 출토된 로만글라스 유품과 유사한 유리 유품들이 여러 점 있어 눈길을 끈다.

01.02.03 채도와 각배
이란은 옛날의 페르시아 지역으로 유구한 역사를 지니고 있으며, 도처에서 채도(왼쪽)와
각배(오른쪽) 유물이 많이 출토되고 있다.

04.05.06 봉수유리병과 각종 유리잔
이란에서 출토된 봉수유리병(왼쪽)은 5~6세기 페르시아의 제품으로, 신라시대의 경주 황
남대총에서 출토된 봉수병과 그 모양이 흡사하다. 이는 이미 1,500여 년 전에 페르시아와
신라 사이에 있었을 법한 교류상을 연상케 한다. 유리박물관에 전시된 각종 유리잔(오른
쪽)은 그 모양과 문양·색채가 매우 정교하고 아름답다.

07 09
08 10

07.08 골레스탄 궁 전경과 외벽
200년의 역사를 간직한 테헤란에서 가장
오래된 궁전이다. 팔레비(1925~1979년)
왕조 때 이 궁전은 접견장으로 사용되었다.
궁전 외벽은 전형적인 아라베스크 무늬로
치장되었으며, 우측 상단의 원 안에는 고구려
무용총 벽화의 수렵도에서도 볼 수 있는
'궁수의 활쏘는 형상'이 그려져 있다.

09 자유의 탑
페르시아의 건국 2,500년을 기념해 1971년에
세워진 이 '아자디탑(자유의 탑)'은 테헤란의
상징물이다.

10 서울의 거리
테헤란 북부에는 길이 3km의 '서울 스트리트'
(Khiabane-Seoul)가 뻗어 있다. 이 거리와
서울 강남에 있는 4km의 '테헤란 거리'가 상
징하듯, 두 나라 간에는 오랜 전통에 바탕한
물적 및 인적 교류가 진행되고 있음을 시사해
주고 있다.

타브리즈

Tabriz

타브리즈는 이란 서북부 아제르바이잔주의 주도(州都)이며, 이란의 제2대 도시다. 동남쪽으로 사파비조 수도 카즈빈(Kazbin), 서북쪽으로 흑해 남안의 국제통상 항구인 트레비존드(Trebizond), 북쪽으로 터키 남부의 성지 줄파(Julfa)로 이어지는 도로들이 만나는 교통 요로에 위치하여 동서교류에 상당한 기여를 해왔다. 페르시아인·터키인·아르메니아인·아랍인·몽골인 등 다양한 인종들이 살고 있으며, 그들은 기독교·이슬람교·조로아스터교 등 다양한 종교를 믿어, 이 도시의 국제성을 한층 높여주었다.

3세기에 아르메니아 왕국의 도읍지가 된 후, 수세기 동안 번영을 누려오다가 13세기에 일 칸국의 수도가 되면서 전성기를 맞았다. 당시 이곳은 활발한 동서문물의 교역장으로서 많은 동·서방 상인들이 왕래하였을 뿐만 아니라, 교황청을 비롯한 서구 여러 나라의 외교 대표들도 상주하고 있었다. 13세기 후반 이곳에 들른 마르코 폴로는 여행기에서 수많은 라틴 상인들이 물건을 사기 위해 모여든다고 하면서, 타브리즈는 '순회 상인(행상)들이 막대한 이익을 올리는 도시이기도 하다'고 기록하고 있다. 약 반 세기 뒤 이곳을 찾은 이븐 바투타도 시장에서 화려한 보석들을 보는 순간 '황홀지경에 빠졌다'고 회상한 바 있다.

타브리즈는 14세기 말 티무르군에게 강점되었다가 15세기에는 흑양조(黑羊朝)의 수도가 되었으며, 카자르조(1769~1925년) 때에는 황태자의 거성(居城)으로서 테헤란에 버금가는 요지로 발돋움하였다. 시내 곳곳에는 그 시대의 유적과 유물이 남아 있으며, 오늘도 번화한 시장은 옛 전통을 이어가고 있다. 흥미로운 것은 박물관에 한반도와의 교류관계를 시사하는 봉수유리병과 고리문 유기그릇이 전시되어 있다는 사실이다. 몽골제국 예하의 일 칸국의 수도였을 때, 이곳에서 발행한 몽골화폐 교초(交鈔)가 몽골 간섭기에 고려에서도 유통되었다.

성 스테파노스 수도원
타브리즈에는 아르메니아 교회 수도원(Armenian Monastic Ensembles)유적으로 성 타데우스(St. Thaddeus) 수도원, 성 스테파노스(St. Stepanos) 수도원, 조르조르(Dzordzor) 예배당이 있다. 그중에서도 성 스테파노스 수도원은 아르메니아의 건축과 장식예술 전통의 세계적인 가치를 보여주는 대표적인 유적이다.

01 타브리즈 바자르
천년의 역사를 자랑하는 타브리즈 바자르는
옛날부터 아시아와 유럽의 중간 교역지로서
두 지역의 문물이 모여들어 시장이 크게
번성하였다. 실내에 모든 점포가 있는 이
바자르 건물은 중간 중간에 아치형 홀이 있고,
그 천장의 채광창으로 빛이 들어와 실내를
밝혀주는 독특한 구조를 갖추고 있다.

02.03 봉수유리병과 각배
타브리즈 박물관에는 각배와 봉수유리병 등
한반도와의 교류관계를 시사하는 유물들이
전시되어 있다.

04.05 카라반 사라이와 숙소 내부
타브리즈에는 오래 전부터 아시아와 유럽을
오가는 카라반들이 묵던 숙소인 사라이가
있어, 이곳이 바로 동서 문명교류의 중간
교역지였음을 알 수 있게 해준다.

다마스쿠스

Damascus

시리아의 수도 다마스쿠스는 세계에서 가장 오래된 도시 중 하나다. 지정학적으로 동서남북을 잇는 교통 요로에 위치하고 있어서, 예로부터 동서교류에 중추적 역할을 하였다. 이곳은 다양한 문화와 접촉하는 과정에서 특유의 문화적 수용성과 관용성을 함양해왔다. 다마스쿠스는 기원전 2000년경 아람인들이 이곳에 소왕국을 세운 이래 프랑스의 식민시대를 거쳐 독립에 이르기까지 4,000여 년 동안 수많은 침탈과 갈등을 겪었다. 그러면서도 끈질긴 생명력을 유지할 수 있었던 것은 바로 주민들이 끈끈한 문화적 수용성과 관용성을 갖고 있었기 때문이다.

구시가지 중심에 자리한 우마야드(Umayyad) 사원은 이슬람 세계에서 네번째로 신성한 곳이다. 건물이 웅장함은 더 말할 나위가 없거니와 건축술에서도 아랍 모자이크 예술의 백미로 꼽는다. 이러한 이슬람 성소가 관용에 바탕을 둔 이슬람교와 기독교의 공존 현장이라는 사실에 놀라지 않을 수 없다. 원래 이곳은 원주민 아람인들의 하다드(비와 땅을 주관하는 최고신) 신전이었으나, 로마시대에 주피터 신전으로, 비잔틴시대에는 세례 요한 교회로 변신했다가 이슬람시대에 이르러 오늘의 우마야드 사원으로 탈바꿈한 것이다. 이를테면 중층적인 다종교 성역인 셈이다. 705년 칼리파 왈리드가 이 사원을 증축할 때 비잔틴 왕은 1만 2,000명의 유능한 공장(工匠)을 보내 증축을 도왔다. 지금 길이가 130여m에 달하는 예배당 한쪽에는 헤롯 왕에게 참수당한 사도 요한의 머리가 안치된 화려한 무덤이 자리하고 있다. 한 종교의 사원 안에 다른 종교, 그것도 견원지간(犬猿之間)으로 매도되고 있는 다른 종교(기독교)의 성직자가 묻혀 있으며, 그를 경배한다는 것은 오늘을 살아가는 인간들에게는 상식 밖의 일이 아닐 수 없다.

같은 맥락에서 더 보탤 곳은 살라딘의 영묘다. 살라딘은 이슬람 역사상 드물게, 어찌 보면 유일하게 동서양 모든 이들에게서 위인으로 추앙받는 인물이다. 그는 일국의 술탄으로, 무장으로 제3차 십자군 전쟁(1189~1192년)에서 영국의 사자왕(獅子王) 리처드와 맞선다. 결정적인 두 번의 전투에서 승전고를 울렸지만, 그는 패전한 적장에게 손을 내밀어 평화협정을 주도하였다.

우마야드 사원
이슬람 세계에서 네번째 성소로 알려진 이 사원은 아랍의 대표적인 건축물로서 규모면에서 유수의 대사원일뿐만 아니라, 건축술에서도 아랍 모자이크 예술의 백미로 꼽는다

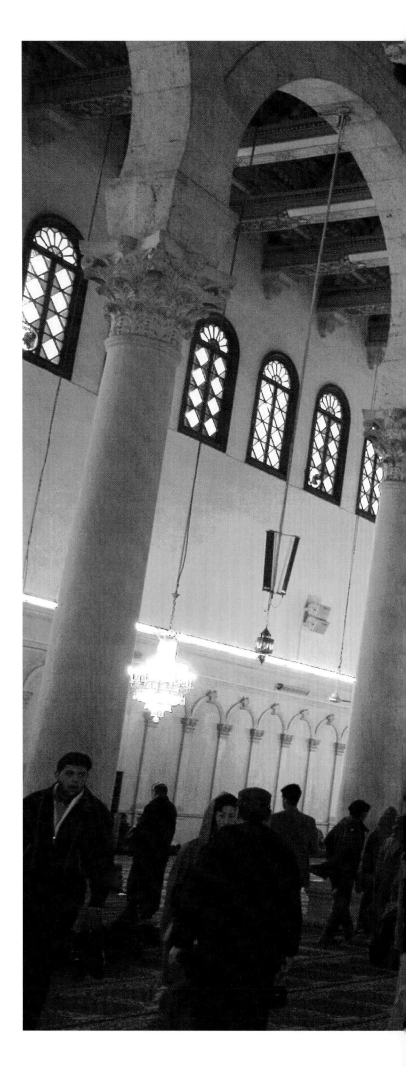

01 아나니안 교회
다마스쿠스 구시가지에 있는 이 교회는 사도 바울에 의해 눈이 밝아진 아나니안의
그림이 그려져 있다고 해서 이런 이름이 붙여졌다고 한다.

02 사도 바울의 성화
아나니안 교회 외벽에는 사도 바울이 박해를 피해 바구니를 타고 피신하는 성화 장
면이 그려져 있다.

03 다마스쿠스 국립박물관
다마스쿠스 국립박물관 정문은 아라베스크 무늬로 장식해 화려하다. 아라베스크의
리드미컬한 연속무늬는 이슬람 건축과 공예품에 있어서 이슬람 미술 특유의 밀도 있
는 환상적 분위기를 주는 중요한 장식요소이기도 하다.

04.05 살라딘 관과 그의 초상
제3차 십자군을 물리친 이슬람 세계의 영웅 살라딘 영묘 안에는 그의 관이 놓여 있
고, 벽에 초상화가 걸려 있다.

06 살라딘 동상
다마스쿠스 시내 살라딘 광장에는 말을 타고 달리는 살라딘 동상이 서 있다. 살라딘
은 십자군을 크게 물리쳤으며, 12세기에 아이유브 왕조를 세워 분열 위기에 처한 이
슬람세계를 재통일한 영웅으로 추앙받는다.

페트라

Petra

'바위'란 뜻을 지닌 페트라는 요르단 중부 와디 무사(Wadi Musa) 분지에 자리한 고대 유목민의 도시이자 무역 중계지다. 기원전 7000년경부터 인간이 거주하기 시작한 이곳에, 기원전 13세기에 첫 왕국인 에돔 왕국이 세워졌다. 그리고 기원전 3세기에는 아라비아 반도에서 이주해온 나바테아인들이 세운 페트라 왕국이 기원후 1세기까지 존속하였다. 이 시대에 아라비아 반도 남부에서 홍해 동안을 끼고 북상해, 이곳 페트라를 지나 시리아의 다마스쿠스를 거쳐, 오아시스 교역 도시 팔미라까지 이르는 '왕의 길'이 개통되었다. 그후 아라비아 반도와 레반트 지역(초승달 지역)의 남북 교류가 활발하게 진행되었다. 그러다가 페트라는 4세기까지의 로마 간섭기를 지나 비잔틴-이슬람시대(4~13세기)를 맞았다. 이 시대에 로마와 비잔틴·이슬람의 영향을 많이 받아 다양한 구조물들이 들어섰지만, 크게 번성하지 못하고 잊혀진 채 베드윈들의 한적한 촌락으로 머물러 있었다. 그후 '잃어버린 도시'를 찾아 헤매던 스위스의 한 탐험가에 의해 페트라의 유적이 발견되어 비로소 세상에 알려지게 되었다.

해발 950m의 분지에 자리한 페트라는 많은 불가사의한 석조 유물을 남겨놓고 있다. 높이 100m, 길이 1.5km의 아스라한 협곡으로부터 시작되는 유적군에는 높이 43m의 로마 코린트식 2층 건물, 6천여 명을 수용할 수 있는 45단의 로마식 원형극장, 길이 150m의 열주거리, 왕궁 분묘군, 2대 신전 등 우람하고 화려한 유물들이 즐비하다. 바위 중턱에 파놓은 수로는 보기만 해도 신기하다.

가즈네 보물고
기원전 1세기경에 왕의 무덤으로 만들었으나, 나중에는 신전이나 또는 보물 저장고로 사용되었을 것으로 추측된다. 바위산을 통째로 깎아서 만든, 페트라에서 가장 아름다운 전형적인 로마 코린트식 건축물이다.

01　신전 기둥의 주두양식
로마의 전형적인 주두양식으로 세밀하게 표현
된 조각 문양이 일품이다.

02　모세의 샘
전설에는 모세가 이곳에서 막대기로 땅을 치
니 맑은 샘이 솟았다고 한다. 그래서 '모세의
샘'이란 이름이 붙여졌다.

03　바위 사이로 판 물길
인공으로 만든 이 물길은 바위를 파서 물이 흐
르도록 했는데, 고대도시 페트라는 이 물을 상
수도 대용으로 사용하였다.

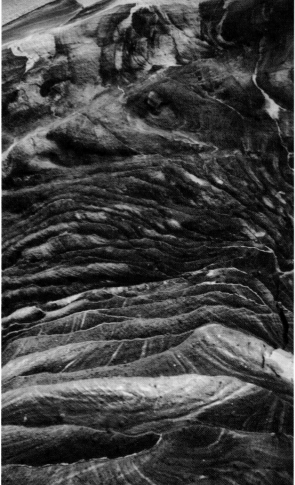

04

05

04 로마 원형극장
바위산을 깎아서 만든 이 원형극장은 약 6천
여 명을 수용할 수 있는, 너비가 40m에 이르
는 초대형 극장이다. 이 극장은 2세기경에 건
설된 것으로, 45단의 계단식 관중석을 모두
바위를 그대로 깎아 만들었다.

05 형형색색의 암석
바위로 이루어진 도시 페트라에는 갖가지 암
석이 산재해 있다. 특히 여러가지 색채가 한데
어우러진 암석은 가히 자연이 만든 신비로운
예술품이라고 할 만하다.

팔미라

Palmyra

팔미라는 기원을 전후해 약 300년간 시리아 사막 한가운데 자리했던 오아시스 도시국가다. 오아시스로를 통한 교역의 중계지로 번영을 누린 팔미라가 실크로드 전개사(展開史)에 이름을 남기게 된 것은, 20세기 초의 일이었다. 당시 '무덤 골짜기'의 아르타반 탑묘(塔墓)에서 중국 한나라 때의 비단, 즉 한금(漢錦) 조각이 여러 점 발견되었던 것이다. 그전까지만 해도 한금이 중앙아시아와 인도 서북 해안 일대에서만 발견된 점을 감안해 독일의 지리학자 리흐트호펜(F. v. Richthofen)은 처음으로 그 발견지들을 이은 길을 '실크로드'라고 명명하였다. 이것이 실크로드 개념 확대에서의 제1난계, 즉 중국~인도로 난계다. 그러나 그후 팔미라

팔미라 고대 유적
다마스쿠스 북쪽 212km 지점의 시리아 사막 가운데 있는 오아시스 도시 팔미라의 고대 유적은 오늘날 기둥들만 남아 있는 폐허의 상태지만, 그 규모만 보고도 화려했던 옛날의 전성기를 짐작하게 한다. 그러한 전성기가 있었기에 먼 중국(한나라)과 비단무역을 할 수 있었던 것이다.

까지 이르는 이 길의 서쪽 여러 오아시스에서도 한금이 발견되자 1910년 역시 독일의 동양학자 헤르만(A. Herrmann)은 이 길을 지중해의 동안인 팔미라까지 연장하고 '오아시스로'라고 불렀다. 이것이 이른바 실크로드 개념 확대의 제2단계, 즉 중국~팔미라 노선 단계다. 이 길에서 팔미라는 지중해 연안과 중국 간의 교역 중계지 역할을 해왔다.

이곳에서 출토(1881년)된 '팔미라 관세표(關稅表)' 석비의 기록을 살펴보면, 당시 팔미라를 통해 진행된 교역품의 명세와 가격 및 관세율 같은 구체적 사항을 파악할 수 있다.

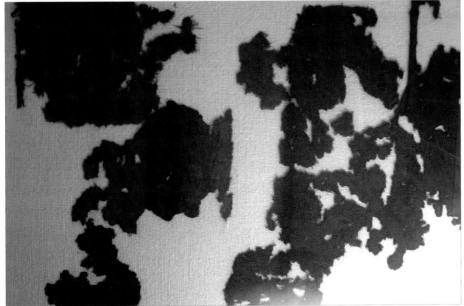

01 팔미라 유적의 벨 신전
본전에는 주신인 벨을 중심으로 좌우에 월신과 태양신이 있다. 본전은 4세기 후에는 기독교 교회로, 7세기 후에는 이슬람 사원으로 이용되었다.

02 팔미라 열주도로
열주도로는 팔미라의 주요 유적의 척추라고 할 수 있다. 동서로 길게 뻗은 너비 11m의 열주도로 길이는 무려 1,100m나 되며, 높이 9.5m의 코린트식 석주 750개가 늘어서 있다.

03 아르타반 탑묘
일명 '무덤 골짜기'의 탑묘군(塔墓群)에 자리한 이 탑묘는 150년경 부유한 이르타반 일가가 지은 것으로, 약 300구의 시신이 묻혀 있었다고 한다.

04 한나라 비단 조각
아르타반 탑묘의 시신을 감싼 수의 속에서 중국 한나라 때의 비단, 즉 한금(漢錦) 조각이 여러 점 발견되었다. 이 한나라 비단조각은 실크로드의 오아시스로가 이곳 팔미라까지 연장되었다는 확실한 증거가 되고 있다.

우가리트

Ugarit

'밭'이란 뜻을 지닌 우가리트는 문자 역사에서 알파벳을 일궈낸 고장으로 유명하다. 메소포타미아 문명의 영향을 받은 지중해 동안의 우가리트는 기원전 2000년경부터 기원전 12세기에 멸망할 때까지 줄곧 도시국가로서 주변 국가들과 활발한 국제교역을 진행해 막대한 부를 축적하였다. 그뿐만 아니라 문화적으로도 일찍부터 언어가 발달하여 독특한 알파벳을 사용한 선진 문자를 가지고 있었다.

지중해가 한눈에 내려다보이는 해발 20m의 언덕에 자리한 우가리트는 면적이 30만m²나 되는, 고대 지중해 연안에서는 유수의 도시라고 할 수 있다. 1928년에 발견된 이 도시 유적에서는 숱한 유물과 함께 응접실

이 딸린 몇 개의 작은 방에서 수천 점의 점토판 문서에 쓰인 우가리트 알파벳이 발견되었다.

우가리트 점토판 문서는 주로 기원전 14~13세기 전성기에 8개 언어의 5종 쐐기문자로 씌어졌는데, 그중 우가리트 문자는 다른 쐐기문자들과는 달리 30개의 자모체계(알파벳)를 갖춘 문자다. 이 문자가 해상활동을 하던 페니키아인들을 통해 동서로 널리 전파되었다. 서쪽으로는 그리스에 전해지고, 그것이 다시 라틴어로 이어진 후 현대의 서구 알파벳으로 발달하였다. 동쪽으로는 아람어를 거쳐 인도어와 아랍어, 히브리어의 알파벳을 탄생시켰다.

우가리트 고대 유적
고대 지중해 연안 해안 도시인 우가리트는 활발한 국제교역을 통해 부강했을 뿐만 아니라 독특한 알파벳 문자를 창제해 인류의 문화발전에 불멸의 기여를 하였다.

이렇게 우가리트는 알파벳의 산실이고, 그 문자는 알파벳의 조형(祖型)이다. 문자는 인간을 인간답게 한 최고의 발명품이며, 알파벳은 지식을 특권층 독점으로부터 만민공동의 소유 개념으로 유도한 평등과 민주주의의 촉발제다.

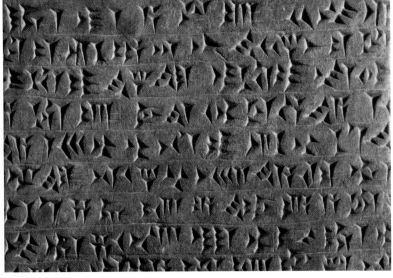

```
01    03
02
```

01 설형문자 알파벳 출토지

우가리트의 유적지에서는 수천 점의 점토판 문서가 출토되었는데, 여기에는 세계 최초의 설형(쐐기꼴)문자 알파벳이 새겨져 있었다. 이를 계기로 알파벳 문자사 연구의 단초가 열리게 되었다.

02 점토판 설형문자

우가리트 점토판 문서는 기원전 13세기경에 유행한 8개 언어의 5종 문자로 씌어졌다. 이들 문자는 다른 쐐기문자와는 달리 30개의 자모체계를 갖춘 최초의 문자로, 알파벳의 기원을 여기서 찾고 있다.

03 포도주 항아리

우가리트 유적에서 발견된 돌항아리는 포도주나 물을 담는 데 사용한 것으로 보인다. 유적 발굴 현장 한쪽에 놓여 있다.

하란과
산르우르파

Harran & Sanli Urfa

시리아 사막을 지나 국경을 넘어 터키 땅에 들어서면, 길은 아브라함의 행적과 관련된 성지 하란과 산르우르파로 이어진다. 이 길은 예로부터 메소포타미아와 아나톨리아를 이어주는 주요 통로였으며, 이 길 위에 있는 하란과 산르우루파는 주요한 교역 거점이었다. 초기 기독교시대에 산르우르파(에데사)는 동방 기독교의 본거지로서 기독교사에 찬란한 한 페이지를 수놓았다. 유대교·기독교·이슬람교 3대 종교의 혈통적 및 종교적 조상인 아브라함의 행적과 초기 기독교의 본거지라는 점 때문에 3대 종교 모두의 성지가 된 이 두 곳에는 오늘날까지도 순례자들의 발길이 끊이지 않는다. 이 두 곳에서만은 마냥 '너는 너, 나는 나'라는 종교적 배타와 갈등이 없이 서로가 오순도순 이웃하고 사는 성싶다.

구약성서에 따르면, 기원전 2000년경 아브라함은 아버지와 함께 메소포타미아의 우르를 떠나 가나안 땅(지금의 팔레스타인)으로 가던 도중 하란에 15년간 머물다가 하느님의 소명을 받고 아들과 손자 일가를 데리고 늦게나마 가나안 땅으로 떠난다. 이렇듯 하란은 아브라함 일가 4대의 영적(靈蹟)이 깃든 유서 깊은 곳이다. 이곳에는 히타이트 시대의 신전과 세계 최초의 로마시대 대학, 천문대와 수리시설 등 오래된 유적이 남아 있다.

'예언자의 도시'라는 별칭을 갖고 있는 산르우르파는 3대 종교가 다 같이 성역시하는 곳이다. 이슬람에서는 아브라함이 이곳에서 태어났다고 전해오고 있으며, 기독교에서는 이곳이 바로 기독교가 국가 종교로서 첫 공인을 얻은 '에데사'라고 믿고 있다. 이곳에는 아브라함이 태어났다고 하는 동굴 위에 지은 '아브라함 사원'과 화형(火刑)에서도 살아남게 했다는 신기한 전설이 깃든 '아브라함 못'이 있다.

사실이 어떻든 간에 무엇인가를 좌표로 삼아 종교간의 갈등을 멀리하고 서로 소통하면서 공존의 길을 넓혀나가는 것은 문명교류사에서도 매우 바람직한 일이다.

하란의 탑과 아치문 유적
시리아와 경계를 이루는 터키의 국경 마을인 하란은 지구상에서 몇 안 되는 가장 오래된 주거지의 한 곳이며 아브라함의 족적이 찍혀 있는 유서 깊은 곳이기도 하다. 이곳에는 세계 최초의 로마시대 대학이 있었다고 전한다.

01.02 우르파의 괴베클리 테페와 외곽의 성벽
괴베클리 테페 유적지에서는 산꼭대기에 세워진 1만 2천여 년 전의 세계 최초 사원이 발견되었다. 테페(Tepe)는 터키어로 주거의 부서진 흙더미가 퇴적하여 이룩된 인위적인 언덕을 말한다. 벽돌로 쌓은 외곽 성벽이 그대로 남아 있다.

03 물고기 호수
아브라함과 관련된 이야기가 전해지는 연못이다. 전설에 따르면 아브라함이 우상숭배를 비난하자 이곳 지배자는 그를 화형에 처하였다. 그런데 불이 바로 이 연못의 물로 바뀌고 화형용 장작은 물고기로 변하여 아브라함이 무사했다고 한다.

04 아브라함 동굴
우르파의 아브라함 사원 안에 아브라함이 태어났다고 전해지는 동굴이 있다. 기독교인들은 아브라함이 갈데아 우르에서 태어났다고 보는 반면, 무슬림들은 아브라함이 이곳에서 태어났다고 믿고 있다.

앙카라

Ankara

터키공화국의 수도이자 주도(州都)이기도 한 앙카라는 아나톨리아 고원의 중앙부에 위치한 교통 요지로서, 예로부터 인접한 8개 주와 회랑으로 연결되어 아나톨리아 문명의 구심점 역할을 해왔다. 아나톨리아는 '해가 뜨는 곳', 즉 '동방'이란 뜻이다. 그 지역적 범위는 터키와 에게해 연안의 섬들과 이라크 북부 지역을 총괄하는데, 총 면적은 약 78만km²에 달한다. 앙카라는 기원전 2000년경 히타이트 시대부터 알려지기 시작해서 기원전 750년경 프리가이 왕국 때 정식으로 역사무대에 등장하였다. '왕의 길'은 기원전 6~5세기 아케메네스조 페르시아가 수도 수사와 아나톨리아의 사르디스 사이에 개통한 첫 오아시스로(총 2,475km)인데, 앙카라는 바로 그 길목에 자리한 중요한 교역 도시로 부상하였다.

오늘날의 앙카라는 아나톨리아 문명의 선시상 역할을 하고 있다. 시

중심에 있는 아나톨리아 박물관의 전시품들이나 시내에 널려 있는 여러 문명의 유적들이 보여주다시피, 아나톨리아 문명은 한마디로 인류 최초의 동서 융합문명이다. 인도-유럽어족에 속하는 히타이트인들은 원래의 토착문화와 인근의 메소포타미아·이집트·에게 문명 등을 받아들여 철기문화로 대표되는 히타이트 고유의 문화를 창출함으로써 생태적으로 융합적인 아나톨리아 문명의 원형을 만들어냈다. 이 문명은 중세에 이르러 우랄-알타이어족에 속하는 투르크족에 의해 이슬람 문명이나 동방문명의 요소들을 공급받았다. 이렇듯 아나톨리아 문명은 동·서양 문명의 영향과 침투가 끊임없이 교차하는 과정에서 생성하고 발전한 대표적인 융합문명이다. 이것은 아나톨리아가 유럽과 아시아의 교두보 역할을 하는 지정학적 위치와 깊은 관련이 있다. 무릇 선진문명이라고 하면 이러

아타튀르크 영묘
앙카라 시가 한눈에 내려다보이는 언덕에 터키 건국의 아버지로 추앙받는 아타튀르크의 영묘가 있다. 건물은 고대 아나톨리아 건축양식을 본딴 것이다.

한 융합문명이어야 하는데, 이러한 문명의 융합은 오로지 길, 실크로드를 통해서만 가능하다.

흔히들 한국과 터키는 '형제국가'라고 한다. 그것은 두 민족이 인종학적으로 같은 어족에 속하고, 역사적으로 공통된 운명을 겪어왔으며, 여기에 더해 지난 한국전쟁 때 터키가 혈맹으로 참전했다는 데 근거를 두고 있다. 앙카라에 있는 한국공원과 그 안에 있는 '한국참전 토이기(터키) 기념탑'(높이 9m의 4층탑)이 그것을 웅변적으로 말해준다.

01 로마 목욕탕 터 유적
로마시대의 대형 야외 목욕탕을 '하맘'이라고 하는데, 크기가 축구장만하다.

02.03 아나톨리아의 유익인면상과 곡예 부조
아나톨리아 문명박물관에 전시된 히타이트-프리기아 시대(기원전 2000~700년)의
유익인면상(有翼人面像, 위)과 곡예 부조(아래 왼쪽)는 당시의 문화 및 생활상을
엿볼 수 있게 한다.

04 6·25전쟁 참전 기념탑
터키는 한국 6·25전쟁 때 참전국으로 한국과 긴밀한 우호관계를 유지하고 있다.
양국의 수도 서울과 앙카라는 1971년 자매결연을 맺고, 앙카라에는 한국전 참전
기념탑을 서울에는 앙가라 공원을 조성하였다.

카파도키아

Cappadocia

'아름다운 말(馬)이 있는 곳'이라는 뜻의 페르시아어에서 유래한 카파도키아는, 자연의 신비와 인간의 슬기가 극치의 조화를 이룬, 지구상 몇 안 되는 명소다. 면적이 250km²나 되는 카파도키아는 지상과 지하의 기암괴석과 그 속에 인간이 삶의 터전으로 마련한 도시와 마을, 교회가 하나의 조화로운 복합구조를 이루고 있다. 이 지역은 약 300만 년 전에 해발 4,000m의 화산이 폭발하면서 인근 수백km 지역에 흘려보낸 마그마가 오랜 세월 홍수나 비바람에 씻기고 깎이고 닳아져 천태만상의 신비한 모양새를 갖추게 되었다.

1961년 어린 목동이 잃어버린 양 한 마리를 찾다가 우연히 발견한 지하도시는 세계 8대 불가사의 중 하나로 숱한 수수께끼를 지니고 있다. 지금까지 찾아낸 지하도시만도 150여 개나 된다. 그 가운데는 6만 명을 수용할 수 있는 대형도시도 있다. 일부는 천연동굴이지만 대부분은 인공굴로서 생활에 필요한 모든 것을 다 갖추고 있다. 이러한 지하도시들이 언제 누가 어떻게 만들었는지 아직 제대로 밝혀지지 않고 있다. 다만 원시인들의 바위굴 집이었다가 초기 기독교시대에는 박해를 피한 은신처로, 후에는 수도나 포교의 장소로, 외래인들이 침입했을 때는 피난처나 방어보루로 썼을 것이라고 그 용도를 추측한다.

이러한 지하도시 말고도 카파도키아 지역에는 1,500개에 달하는 바위교회가 있다. 그 대표적인 것이 괴레메(Göreme) 마을에 있는 13개의 바위 교회다. 교회 안에 그려져 있는 갖가지 프레스코 화폭들은 로마시대부터 비잔틴시대까지 기독교인과 수도승들이 지녔던 정신세계와 생활면모뿐만 아니라, 초기 기독교의 성립과정을 생생하게 전해준다.

카파도키아의 지상과 지하에는 숱한 신비와 불가사의가 비장되어 있다. 인간의 힘으로 그 비밀을 다 들춰내기에는 아직 역부족이다. 그러나 분명한 것은 카파도키아야말로 자연의 신비와 인간의 슬기가 잘 조화된 역사의 현장이라는 사실이다. 인간에 의한 좀더 성숙된 조화만이 그 비밀을 캐내는 열쇠가 될 것이다. 이것은 문명사의 한 통칙이다.

카파도키아의 기암괴석
약 300만 년 전 해발 4000m의 에르지예스 화산이 폭발하여 인근 수백km를 마그마가 덮었고, 그 굳은 용암의 풍화작용으로 인해 천태만상의 기암괴석군(群)이 만들어졌다. 이러한 환경 속에서 불가사의한 150여 개의 지하도시와 괴레메 마을의 바위교회들이 생겨났다.

01	04
02	05
03	

01.02.03 데린쿠유 지하도시

'깊은 웅덩이'라는 뜻의 지하도시 데린쿠유는, 도시 전체가 미로이며 대부분은 용암을 파서 만든 인공굴로서 인구 6만 명을 수용할 수 있는 큰 규모다. 지하층마다 거주공간은 물론 수로·학교·교회 등이 배치되어 있으며, 공기를 정화하는 통풍구(왼쪽 위)와 내침을 막기 위한 돌문(왼쪽 아래)이 마련되어 있다.

04.05 괴레메 마을의 바위 교회 벽화

자연의 신비와 인간의 슬기가 조화된 괴레메 마을의 노천박물관은 교회들의 집합체이자 기독교의 설교장이다. 바위 교회 안에는 벽화가 있는데, 특히 프레스코화가 눈길을 끈다. 이러한 바위 교회는 괴레메 마을 주변의 400개를 포함하여 카파도키아에 무려 1,500개가 있다.

이스탄불

Istanbul

이스탄불은 세계에서 유일하게 아시아와 유럽 두 대륙에 걸쳐 있는 국제
도시다. 그뿐만 아니라, 1528년이란 사상 유례가 없는 긴 시간 동안 로
마·비잔틴·오스만 3대 세계적 제국의 수도로 군림해왔다. 이러한 지정
학적 및 역사적 특성 때문에 동서양의 각기 다른 민족과 문명이 여기서 만
나 소통하고 교류함으로써 이스탄불은 명실상부한 인류문명의 거대한
'노천박물관'으로, 동서문명의 장엄한 '접합지'로 여겨져왔다.

인류문명의 거대한 '노천박물관'이란 인류가 창조한 여러 문명이 밀폐
된 몇 개의 박물관에 갇혀 있는 것이 아니라, 도시 전체에 공개되어 있다
는 뜻이다. 사실 이 도시에는 여러 문명을 상징하는 유물들이 지천에 깔
려 있다고 해도 과언이 아니다. 술탄 아흐마드 광장은 3만 명을 수용할
수 있는 'U'자형 로마식 경기장인데, 그 한가운데는 세계 여러 곳에서 가
져온 기둥·동상·해시계 등이 기념물로 장식되어 있다. 그 자체가 하나
의 노천박물관이다. 그중 가장 유명한 것은 390년 비잔틴 황제가 이집트
의 한 신전에서 옮겨온 높이 20m, 무게 300톤의 핑크색 화강석 오벨리스
크와 역시 비잔틴 황제가 326년에 그리스의 한 신전에서 가져온 높이 5m

의 뱀기둥이다. 오스만제국의 통치 본산이던 토프카프 궁전 박물관 도자기 전시실에서는 궁전 부엌에서 쓰던 세계 각국의 도자기 1만 2천여 점을 선보이고 있다. 그 중 3분의 2에 해당하는 8천여 점은 중국을 비롯한 일본·태국·베트남·이란 등의 동양산이다. 세계 5대 고고학박물관의 하나인 이스탄불 고고학박물관에 소장되어 있는 8만여 점의 유물은 그 자체가 범세계적이다.

이러한 박물관들은 문명의 '접합지'와 일맥상통한다. 여러 문명이 만나다 보니 서로가 뒤엉켜 하나의 융합문명을 만들어내게 되는 것이다. 이처럼 융합문명의 전형을 여기 이스탄불에서 찾아보게 되는데, 그러한 전형 중 전형으로는 단연 성 소피아 성당이 꼽힌다. 건면적 7,570m²에 달하는 성 소피아 성당은 비잔틴 건축의 백미이며 이스탄불의 상징이다. 1935년 박물관으로 변신될 때까지 916년간(537~1453년)은 기독교의 성당으로, 481년간(1456~1934년)은 이슬람 사원으로 사용되어왔다. 한 건물이 이질적인 두 종교의 성소로 이토록 오랫동안 공용된 예는 드물다. 비록 이러저러한 수난이 없지는 않았지만, 그래도 두 종교, 두 문명의 만남과 공

아시아와 유럽을 잇는 보스포루스 다리
이스탄불은 보스포루스 해협을 사이에 두고 유럽과 아시아의 두 개 대륙에 걸쳐 있다. 양 대륙을 잇는 보스포루스 다리는 1973년에 완공되었는데, 동쪽의 베이러베이(Beylerbeyi) 지구와 서쪽의 오르타쾨이(Ortaköy) 지구를 연결함으로써 동서 교류의 상징적인 의미를 지니고 있다.

존의 상징으로 문명사의 한 장을 장식했음은 부인할 수 없는 사실이다. 오색영롱한 천장과 벽에는 초기 기독교와 비잔틴시대의 황제나 주교들의 초상화가 그려져 있고, 그와 나란히 증축된 미흐라브(성지 메카를 향한 벽감)를 중심으로 왼쪽부터 알리·아부 바크르·오마르·무함마드 등 이슬람 성직자들의 이름이 지름 7.5m의 대형 원판 속에 아랍어로 새겨져 있다. 이스탄불이 인류문명의 '노천박물관'과 '접합지'가 될 수 있었던 것은 거기로 동하는 실크로드, 특히 동서양을 연결하는 오아시스로가 있었기에 가능했다. 아시아와 유럽을 잇는 오늘의 보스포루스 다리(길이 1,560m, 폭 33m)는 그 길의 계승이며 상징이다.

01 성 소피아 성당 내부

현존하는 최고의 비잔틴 건축물로 손꼽히는 성 소피아 성당은 특히 아름다움의 극치를 보여주는 돔 천장의 치장이 눈길을 끈다. 유스티니아누스 1세(527~565년 재위)의 명을 받고 건설한 유명한 돔은 비잔틴 건축의 전형이라 할 수 있으며, '건축의 역사를 바꾼' 건축물이라는 찬사를 받고 있다.

02 오벨리스크

이집트의 파라오가 전쟁 승리를 기념하기 위해 만든 첨탑을 비잔틴 황제 테오도시우스가 390년 이집트에서 가져와 이곳에 세웠다.

03 뱀기둥

세 마리의 뱀이 몸을 감고 올라가는 모양의 뱀기둥으로, 윗부분은 뒤엉킨 세 마리의 뱀 머리가 떠받치는 황금 잔으로 치장되었으나 옮겨오기 전에 분실되었다. 그리스 델피의 아폴로 신전에서 326년에 가져왔다.

04 토프카프 궁전
보스포루스 해협이 내려다보이는 언덕에 세워진 이 궁전은 1465년부터 1853년까지 오스
만제국의 술탄이 살던 곳이다. 옛날에는 이 언덕에 대포가 설치되어 있었다고 해서 '토프카
프'라는 이름이 붙었다고 한다. '토프'는 '대포'이고, '카프'는 '문'을 뜻한다.

05 지하 물저장고
약 8만 톤의 물을 저장할 수 있는 비잔틴시대의 거대한 지하 저수조로서 336개의 기둥이
받치고 있다.

06 이집트 바자르
오스만제국 때 이집트와 북아프리카에서 수입된 향료나 물품은 주로 이 바자르(재래시장)
에서 거래되었다. 이곳은 각양각색의 향료가 유명하여 '향료 바자르'라고도 불린다.

07 청화백자 태극무늬
토프카프 궁전 박물관에 전시된 태극무늬 도자기다. 설명문에는 '청화백자, 16세기'라고만
적혀 있고, 출처는 밝히지 않았다. 혹여 한국의 청화백자가 아닐까 한다.

로마

Rome

역사상 로마는 도시로서의 로마와 국가로서의 로마, 두 가지 지칭으로 쓰여왔다. 흔히 로마를 실크로드 오아시스로나 해로의 서단(西端)으로 간주하는 이유는, 기원을 전후한 시기에 주로 이 두 길을 통해 중국 비단 (실크)이 서쪽으로는 가장 먼 로마까지 전해졌기 때문이다. 로마는 기원 전 이탈리아를 통일한 후 지중해에 진출해 헬레니즘 세계를 차례로 정복 하고 강력한 제정(帝政)을 수립하였다. 그리고 기원전 29년부터 약 200 년간 이른바 '로마의 평화'(Pax Romana)를 누리면서 해상실크로드를 통한 동방 원거리교역(遠距離交易)에 큰 관심을 돌렸다.

지중해를 '내륙호(內陸湖)'라 하고 '길은 로마로 통한다'고 할 정도로 번영기에 접어들면서 생활이 안정되고 여유가 생기자, 로마 귀족들 사이 에서는 동방산 희귀사치품에 대한 수요가 급증하였다. 그 수요를 충족 시키는 유일한 방도는 동방 원거리교역을 진행하는 것이었으며, 그 담 당자는 '로마상인'들이었다.

로마와 한반도, 특히 신라 사이에는 일찍부터 실크로드를 통한 문물교 류가 진행되고 있었다는 사실이 출토 유물에서 입증되고 있다. 후기 로만 글라스계에 속하는 각종 유리기구와 누금(鏤金)과 감옥(嵌玉) 기법에 의 한 다채장식양식(多彩裝飾樣式, Polychrom) 등 로마 문화 유물들이 고 분을 비롯한 신라의 여러 유적에서 발견되고 있다. 특히 중국이나 일본에 서는 거의 발견되지 않는 로만글라스 유품들이 신라 땅에서는 다량 발굴 되는 점으로 미루어, 로마와 신라 간에 '유리의 길'이란 하나의 문명교류 통로를 설정할 수 있을 것이다.

로마는 오아시스로의 서단이다. 유라시아 대륙(구대륙) 범위 내에서 고 대 로마와 동방 간의 교류는 부분적으로 북방 초원로나 남방 해로를 통 해 이루어지기도 하였지만, 주로 오아시스 육로를 통해 진행된 것으로 보 인다. 적어도 비단 교역인 경우는 그러하다. 따라서 로마에서 동쪽으로 향한 길을 찾아내는 것은 오아시스로 서단을 설정하는 데서 관건이다. 다 분히 초기의 길은 순례의 길이었을 것이다. 다행히 로마시 남교(南郊)에 서 찾아낸 순례의 돌길은 바로 로마로 이어지는 오아시스로의 서단이란 예감이 드는바, 앞으로 더 심층적인 연구가 요망된다.

로마의 순례길

로마에서 가장 오래된 길로, 예로부터 많은 순례자들이 이 길을 왕래하였다. 이 길에 깔린 닳고 닳은 돌들이 옛날 순례자들의 발자취를 대변해준다. 이 길이야 말로 오아시스로의 서쪽 끝 길이라고 말할 수 있을 것이다.

01.02 **아피아 구가도(Via Appia Antica)와 표지판**
세계에서 가장 오래된 가도(街道) 중의 하나이며, 순례자들이 이 길을 통하여 로마를 찾아
왔다.

03 **판테온의 내부 돔**
고대 로마의 신전으로 서기 126년경에 재건되었으며, 오늘날까지도 완벽할 정도로 보존이
잘 되어 있다. 판테온의 돔은 2세기 로마시대에 기원을 두고 있으며, 천장 중앙은 채광을 위
해 뚫려 있으며, 로마 건축사상 불후의 명작으로 일컬어진다. 경주 석굴암 천장의 돔은 이
천장 돔 형식과 닮은 꼴로서, 당시 신라와 로마 간 분명교류의 일면을 짐작하게 한다.

부록

1. **코리아 실크로드 프로젝트**
   - 코리아 실크로드 탐험대
   - 실크로드 우호협력 기념비
2. **참고문헌**
3. **사진 제공 기관 및 사진 출처**

코리아 실크로드 프로젝트

코리아 실크로드 탐험대 및 실크로드 우호협력 기념비

문명교류 통로인 실크로드의 재조명과 정립 및 부흥을 위해 대한민국 경상북도가 주도하는 '코리아 실크로드 프로젝트' 일환으로, 실크로드 동단 거점인 한반도 천년수도 경주에서 신라인의 진취적 기상과 21세기 신(新)한류 전파를 위해 '코리아 실크로드 탐험대'가 발족하였다.

코리아 실크로드 탐험대는 1차와 2차로 나누어 운영되었으며, 1차 탐험대는 2013년 3월 21일부터 4월 4일까지 15일간의 일정으로 탐험대장과 청년탐사대, 역사기록팀, 경상북도 시·군 기수단을 포함해 7개 팀 76명이 탐험대원으로 활동했다. 탐험대는 3월 21일 경상북도 경주 엑스포공원에서 김관용 도지사로부터 실크로드 탐험기 전수와 출정식을 가진 후, 한반도 남부 실크로드 주요 유적지를 돌아서 3월 24일 경기도 평택항을 거쳐 중국 웨이하이항으로 이동했다. 중국 웨이하이항에 도착한 탐험대는 양저우~항저우~주화산~카이펑을 탐험하고 정저우를 거쳐 경상북도와 자매도인 허난성의 환영을 받은 뒤 4월 4일 1차 탐험대 종착점인 시안까지 5,066km 여정을 마치고 장안성 북문에서 입성식을 가졌다.

2차 탐험대는 7월 17일 1차 탐험대의 종점을 이어 중국 시안을 출발하였다. 실크로드 오아시스로를 따라 둔황~우루무치~카슈가르를 지나 키르기스스탄·카자흐스탄·우즈베키스탄·투르크메니스탄·이란·터키를 탐험하고 8월 31일 마침내 최종 목적지인 터키 이스탄불에 입성함으로써 45일 동안 1만 5,881km의 대장정을 끝냈다. 2차 탐험대원은 1차 탐험대와는 달리 소수 정예요원 24명으로 구성하여 운영되었으며, 탐사대장과 역사기록팀, 청년탐사팀, 주관방송사, 행정팀으로 나누어 활동하였다.

코리아 실크로드 탐험대는 현대자동차에서 기증한 SUV 차량 5대를 이용해 이동하였으며, 60일간의 실크로드 거점 국가 8개 나라를 탐험하는 동안 태권도, 전통국악, 전통탈춤 등을 공연하여 한국의 문화를 알리고 '이스탄불-경주세계문화엑스포 2013'을 홍보하였다. 코리아 실크로드 탐험대는 1,500년 전 한반도 첫 세계인이었던 혜초의 흔적과 실크로드를 따라 문화를 소통했던 그 길 위에 새로운 천년의 길을 만들었다는 자부심을 가지게 된 사업이었다. 동시에 K-팝(Pop)과 한류의 저력으로 K-컬처(Culture)를 예고하고 이끄는 성공 모델이었음을 확신하는 계기가 되었으며, 과거 문화 수입국에서 수출국으로 변모하는 새로운 길을 열었다는 데 그 의미가 있다.

한편 경상북도 실크로드 프로젝트추진본부는 '실크로드 거점국가 교류협력 상징사업'의 일환으로 중국 시안, 우즈베키스탄 사마르칸트, 이란 이스파한, 터키 이스탄불 등 4개국 4개소에 '실크로드 우호협력 기념비'를 설치하여 실크로드를 통한 이들 나라들과의 우호협력을 확인하였다.

실크로드 탐험대 루트와 해로 지도

코리아 실크로드
탐험대

01 2013년 3월 22일 경북도청 앞에서 실크로드 탐험대 무사안녕 성공기원
환송식을 가졌다.

02 2013년 4월 4일 중국 시안에 도착한 실크로드 탐험대가 김관용 경상북도지사와
함께 실크로드 동단기점인 경주에 관해 의견을 나누고 있다.

03 실크로드 탐험대는 2013년 7월 17일 중국 시안 대당서시 한국관에
'실크로드 우호협력 기념비' 제막을 필두로 터키 이스탄불까지 45일간의
긴 여정을 시작하였다.

04 실크로드 탐험대는 5대의 국산 차량으로 중국 대륙을 지나
톈산 산맥을 넘어 키르기스스탄 수사무르 초원에서 앞으로의 남은 여정의
완주의지를 다짐하고 있다.

코리아 실크로드 프로젝트

코리아 실크로드
탐험대

코리아 실크로드 프로젝트

코리아 실크로드
탐험대

05 실크로드 탐험대는 중국·키르기스스탄·카자흐스탄·우즈베키스탄·투르크메니스탄·
   이란·터키를 탐험하며 대자연을 만끽하고, 거점도시에서 한국문화공연도 펼쳤다.

06 실크로드 탐험대가 60일간 20,947km긴 여정의 종착지인 터키 이스탄불에
   8월 30일 도착하여 무사탐험을 자축하고 있다.

07 경상북도와 자매도시인 터키 부르사주 주지사의 환영행사를 받았으며,
   이에 탐험대는 카퍼레이드 행렬로 화답하였다.

08 터키의 한국전(6·25) 참전용사들이 잠들어 있는 한국공원을 방문하고
   터키 한국전 참전 기념탑 앞에서 참전용사에게 감사를 표명하면서
   신라금관을 전달하였다.

09 터키 앙카라 한국문화원 주관 탐험대 환영행사 참석과 한국문화공연 등 한국과
   터키 간 화합의 장을 열었다.

코리아 실크로드 프로젝트

실크로드 우호협력 기념비

○ **2013.7.17** 중국 시안

중국 시안의 한국관에 세워진
'실크로드 우호 기념비'

○ **2013.8.2** 우즈베키스탄 사마르칸트

우즈베키스탄 사마르칸트 아프라시압 박물관
앞에 세워진 '실크로드 우호협력 기념비'

다기 이스탄불 갈라티 타워 광장 앞에
세워진 '실크로드 우호협력 기념비'

2013.8.20 이란 이스파한

이란의 이스파한 시청 옆 광장에 세워진
'실크로드 우호협력 기념비'

2013.9.1 터키 이스탄불

더기 이스탄불 갈라티 타워 광장 앞에
세워진 '실크로드 우호협력 기념비'

참고문헌

도록

국립중앙박물관『유리, 삼천년의 이야기』, 2012

예술의전당 · 동아일보사 · YTN『스키타이 황금문명』, 2011

국립중앙박물관『실크로드와 둔황』, 2010

서울시립대학교박물관『한국과 알타이 지역의 바위그림』, 2010

국립중앙박물관『우즈베키스탄의 고대문화』, 2009

국립경주박물관, 국립제주박물관『新羅, 서아시아를 만나다』, 2008

국립제주박물관『실크로드의 역사와 문화』, 서경문화사 2008

국립문화재연구소『아무르 · 연해주의 신비』, 2006

서울대학교박물관『초원의 지배자』, 2002

고구려추진위원회『고구려』, 2002

국립경주박물관『新羅黃金-신비한 황금의 나라』, 2001

국립중앙박물관『실크로드의 美術』, 1991

국립경주박물관『慶州와 실크로드』, 1991

국립중앙박물관『중앙아시아 美術』, 1986

저서

경주세계문화엑스포2000 조직위원회『실크로드와 한국문화, 동방의 빛을 따라서』, 대일기획 2000

국제한국학회『실크로드와 한국문화』, 소나무 2000

몽골국립박물관 편저, 에렉젠 번역 *Mongolia*(동북아역사재단 지원 인쇄), 몽골국립박물관 2009

권영필『실크로드 미술』, 열화당 1997

무함마드 깐수『新羅西域交流史』, 단국대학교출판부 1992

박선미『고조선과 동북아의 고대화폐』, 학연문화사 2009

복천박물관『고대아시아 문물교류-만남-』, 2002

신형식『신라인의 실크로드』, 백산자료원 2002

에드워드 기번『로마제국 쇠망사』, 황건 옮김, 청미래 2004

요시미즈 츠네오『로마문화 왕국, 신라』, 씨앗을뿌리는사람 2002

이난영『한국 고대의 금속공예』, 서울대학교출판부 2000

이송난『신라 금속공예 연구』, 일지사 2004

이인숙『한국의 古代유리』, 創文 1993

이한상『황금의 나라, 신라』, 김영사 2004

정수일『실크로드학』, 창작과비평사 2001

정수일『고대문명교류사』, 사계절 2001

정수일『문명교류사 연구』, 사계절 2002

정수일『문명의 루트 실크로드』, 효형출판, 2002

정수일 역주『혜초의 왕오천축국전』, 학고재 2004

정수일 『한국 속의 세계』 상 · 하, 창비 2005

정수일 『실크로드 문명기행』, 한겨레출판 2006

정수일 외 『중앙아시아 속의 고구려인 발자취』, 동북아역사재단 2008

정수일 『문명담론과 문명교류』, 살림 2009

정수일 『초원 실크로드를 가다』, 창비 2010

정수일 역주 『오도릭의 동방기행』, 문학동네 2012

최광식 『실크로드와 한국문화』, 나남출판 2013

E. V. 뻬레보드치꼬바 『스키타이 동물양식』, 정석배 옮김, 학연문화사 1999

외국자료

田廣金 · 郭素新 『北方文化與匈奴文明』, 江蘇教育出版社 2005

東亞考古學會 『赤峰紅山後』, 東亞考古學會 1938

三上次男 『古代における交易の問題』, 『古代史講座- 古代における交易と文化交流』 13, 學生社 1966

松田壽男 『東西絹貿易』, 『古代史講座-古代における交易と文化交流』 13, 學生社 1966

田村晃一 『樂浪郡設置前夜の考古學(1)-淸川江以北の明刀錢出土遺跡の再檢討』, 『東アジア世界史の展開』(靑山學院大學東洋史論集), 汲古書院 1994

梅原末治 · 藤田亮策 『朝鮮古文化綜鑑 I』, 養德社 1947

敦煌研究院 編 『中國石窟 敦煌莫高窟』 一~五, 文物出版社 1999

遼寧美術出版社·新疆美術撮影出版社 編 『中國新疆壁畵全集』 1~6, 遼寧美術出版社·新疆美術撮影出版社 1995

天津人民美術出版社·新疆美術撮影出版社 編 『中國新疆壁畵全集』 1~3, 克孜爾 1995

Grünwedel. Albert/趙崇民.巫新華 譯 『新疆古佛寺』, 中國人民大學出版社 2007

Le coq. Albert von/趙崇民 譯 『高昌-吐魯番古代藝術珍品』, 新疆人民出版社 1998

龜玆石窟研究所 『克孜爾石窟志』, 上海人民美術出版社 1993

黃文弼 『吐魯番考古記』, 中科院考古究所 1954

黃文弼 『塔里木盆地考古記』, 科學出版社 1958

Erdenchuluun Purevjav & Erdenebaartar Diimaajav, *The Sword of Heaven*, Published by Sunny Mongolia Today, Ulaanbaatar, Mognolia 2011

G. Eregzen ed., *Treasure of the Xiongnu*, Ulaanbaatar, Mongolia 2011

S. Rentsendorj & E. Khangai, *Chinggis Khaan's Mongolia*, Designed by S. Uranbileg, Ulaanbaatar, Mongolia 2006

Tsagaan Turbat ed., *DEER STONES of the JARGALANTYN AM*, Printed by Nomkhur, Mongolia 2011

Colin Renfrew·Paul Bahn, *Archaeology*, (1991 First published) Thames & Hudson inc., New York 2004

Arberry, A. J., *The Islamic Art of Persia*, New Delhi: Goodword 2001

Barazesh, Mahmoud Reza, *Turkey*, Tehran: Safiran 2012

Brend, Barbara, *Islamic Art*, British Museum Press 1991

Ghani, A., *Iran(The Ancient Land)*, Tehran: Mirdashti 2006

Price, Christine, *The Story of Moslem Art*, Masud Radjabniya(trans.), Tehran: Scientific & Cultural Publications Co. 1985

Sh. Shahbazi, Alireza, *Persepolis*, Tehran: Safiran 2011

Yücel, Erdem, *Istanbul*, Istanbul: Anadolu 2010

사진 제공 기관 및 사진 출처

국립경주박물관

- 천마총 금관 20면
- 천마총 허리띠장식 21면
- 계림로 장식보검 21면
- 미추왕릉 C지구 7호 무덤 각배 22면
- 포도넝쿨무늬 암막새 23면
- 새무늬 수막새 23면
- 봉수(鳳首)유리병 24면
- 상감유리목걸이 25면
- 상감유리구슬 25면
- 천마총 출토 유리잔 29면
- 금령총 출토 유리잔 29면
- 황남대총 북분 출토 유리잔 29면

국립문화재연구소

- 트로이츠코예 고분 출토 발해 토기 149면

국립중앙박물관

- 식리총 신발 21면
- 금제 허리띠 44면
- 독립기념관 『해천추범』 표지 165면

동북아역사재단

- 쌍영총 연화문 벽화 46면
- 안학궁터 42면

연합뉴스

- 강서대묘 현무도 44면
- 수박희 벽화 45면
- 수산리 고분벽화 45면
- 용강대묘 천장 구조 46면
- 각저총 씨름 벽화 48면
- 무용총 수박희 벽화 51면

옛길박물관

- 옛길박물관 35면

한성백제박물관

- 풍납토성 37면

서영수(단국대 교수, 동양학연구소 소장)

- 광개토왕릉비 50면

안태현(옛길박물관 소장)

- 하늘재(계립령) 30면
- 문경새재 31면
- 계립령 유허비 33면

윤동진(사진작가)

- 석굴암 13면, 16~17면
- 참성단 39면

실크로드 도록
육로편

원고집필

정수일(한국문명교류연구소 소장)

신규섭(한국외국어대학교 외래교수, 페르시아어 문학박사)

박선미(서울시립대학교 국사학과, 고고학 박사)

정성권(동국대학교 박물관, 불교미술사 박사)

조성금(동국대학교 미술사학 박사)

사진촬영

김희수 · 윤동진

초판 1쇄 발행 / 2014년 5월 2일

초판 2쇄 발행 / 2021년 3월 16일

펴낸이　　강일우

펴낸곳　　(주)**창비**

10881 경기도 파주시 회동길 184

전화 (031)955-3333 팩스 (031)955-3400

편집디자인 사사연 (02)569-4409

ⓒ 한국문명교류연구소 2014

ISBN　978-89-364-8269-5　　93900